Thomas Schäfer

So wird Ihr Kind bärenstark

Thomas Schäfer

So wird Ihr Kind bärenstark

Ein therapeutisches Vorlesebuch

Knaur
MensSana

Die Folie des Schutzumschlags sowie die Einschweißfolie
sind PE-Folien und biologisch abbaubar.
Dieses Buch wurde auf chlor- und säurefreiem Papier gedruckt.

Besuchen Sie uns im Internet: www.droemer-knaur.de
Alle Titel aus dem Bereich MensSana finden Sie im Internet unter
www.knaur-mens-sana.de

Originalausgabe

Redaktion: Ralf Lay
Sprecher der CD: Claus-Peter Damitz
Umschlaggestaltung: ZERO Werbeagentur, München
Umschlagabbildung: Gettyimages/Daniel Pangbourne
Satz: Adobe InDesign im Verlag
Druck und Bindung: GGP Media GmbH, Pößneck
Printed in Germany
ISBN 978-3-426-65626-6

2 4 5 3 1

Inhalt

Hinweis: Die mit (CD) *gekennzeichneten Geschichten finden Sie auch auf der beiliegenden CD.*

Dank 9

Vorwort mit Einführung 11

Allgemeine Kinderthemen 19

Wo und wie der Kleine Bär lebt
*(Zur Einführung für die Kinder,
damit sie sich orientieren können)* (CD) 19

Maltes Fahrrad und der Kleine Bär, Teil 1
(Ängste beim Sport überwinden, Radfahren lernen) (CD) ... 22

Kekse, Honig und ein Fahrrad (Teil 2 von »Maltes Fahrrad«)
(Esskontrolle, Ungeduld) 25

Wie der Kleine Bär schwimmen lernte, statt Boot zu fahren
(Kinder können Schwimmängste überwinden) (CD) 30

Monster-Schleimschnecken und Babyquatsch!
*(Für Bewegungsmuffel und Kinder, die kein Obst und Gemüse
essen wollen)* (CD) 32

Die pieksenden Rosen *(Bei Angst vorm Zahnarztbesuch
und vor operativen Eingriffen)* (CD) 36

Bonny, das Zebra, leidet
(Wenn Selbstmitleid zum Problem wird) (CD) 40

Wie die Giraffe Hugo auf den Umzug wartete
*(Meinen die Erwachsenen alles ernst, was sie sagen?
Sprachlich sensibel werden)* (CD) 43

Soziales Verhalten 49

Tobi und die Piranhas *(Der Umgang mit Aggressionen bei sich selbst und bei anderen)* CD 49

Lisa ist verliebt *(Mutig werden, um Gefühle zu zeigen; für introvertierte Kinder)* 53

Der beste Freund *(Nach welchen Maßstäben sucht sich ein Kind Freunde aus? Was gilt als Vorbild?)* 60

»Schnell wie eine Schnecke« *(Zuspätkommen, Verständnis für auffällige Kinder)* 67

Ärger bei den Gibbons: »Alle sind gegen mich« *(Immer der Beste sein wollen, sich über andere stellen)* 72

Mimi, die arme Mongolische Wüstenrennmaus *(Wenn Kinder Krankheit einsetzen, um damit Aufmerksamkeit zu erhalten)* 79

Flamingo Liliane und der violette Wollfaden *(Wer einmal lügt ...)* 83

Die wilden Hyänen *(Wenn man die Gruppe gegen ein anderes Kind aufhetzt und jemanden beschuldigt, obwohl man nichts beweisen kann)* 89

Scheidungskinder/Umzug 93

»Ich bin Griechin, in Griechenland ist alles besser!« *(Wenn Scheidungskinder in eine neue Umgebung umziehen, bleibt ein Teil von ihnen oft im alten Wohnort zurück; zweites Thema: sich im Winter warm anziehen)* CD 93

Patchworkfamilien 98

Kann Eisbär Benny auch zwei Papas lieb haben? *(Loyalitätskonflikte in Patchworkfamilien)* 98

Bettnässen 104

Beim Kleinen Bären tropft's rein *(Bettnässen)* CD 104

Träume und Alpträume ... 108

Mit dem Kopf durch die Wand *(Träume und Alpträume; lernen, um Hilfe zu bitten; sich beim Arbeiten und Lernen entspannen)* ... 108

Der Hai, der Eintrittsgeld zahlen musste *(Alpträume, vorlaute Kinder, Flugangst)* ... 115

Religiöse Einstellung ... 121

Anja und die Amsel *(Religiöse Orientierung, Schutzengel, Straßenverkehr)* ... 121

Leo erzählt von Afrika *(Religiöse Toleranz)* ... 126

Eine Geschichte für Eltern ... 130

»Mama, du bist sooo lustig!« *(Auch Eltern dürfen sich weiterentwickeln! Und Kinder dürfen auch einmal über ihre Eltern lachen!)* ... 130

Vertiefende Hinweise ... 136

Wie die »richtige« Geschichte im Zuhörer »arbeitet« ... 136

Alpträume bei Kindern ... 138

Bettnässen ... 141

Wie schreibe ich selbst die »passende« Geschichte für mein Kind? ... 150

Literatur ... 155

Anmerkungen ... 156

Themenregister der Geschichten ... 157

Kontakt ... 160

Dank

Herzlichen Dank an Lara, Leon, Lorenz, Ciril, meine Frau Christine und alle großen und kleinen Ratsuchenden in meiner Praxis, denen ich meine Geschichten erzählen konnte und die mir Rückmeldungen gaben.

Vorwort mit Einführung

Du bist doch bärenstark ist ein praktisches Vorlese- und Hörbuch für Eltern. Es will ohne erhobenen Zeigefinger, aber mit viel Verständnis und Humor Kindern helfen, sich selbst zu helfen. Die meisten der indirekt (!) angesprochenen Probleme betreffen eine Vielzahl von Kindern, zum Beispiel die Angst vor dem Schwimmenlernen, Ärger ums Essen oder Streit mit anderen Kindern.

Die hier vorgestellte Therapie ist eine Hilfestellung für Kinder »im Nebenbei«, denn das wirkende Hilfsmittel ist allein die erzählte Geschichte. Sie reift im Unbewussten des Kindes und trägt Früchte, die sich dann auch im Verhalten zeigen können. Oft reagiert das Unbewusste der kindlichen Zuhörer deutlich auf das Erzählte. Nicht selten ist die positive Reaktion schon am nächsten Tag zu bemerken.

Ganz am Rande habe ich die Technik des Geschichtenerzählens für Kinder schon in meinem Buch *Warum Liebe allein den Kindern nicht hilft*[1] vorgestellt. Dort bin ich aber eher auf zum Teil schwere seelische und psychosomatische Probleme von Kindern und Jugendlichen eingegangen. Hier geht es dagegen mehr um Alltagsprobleme von Kindern: Angst vor prügelnden Klassenkameraden, Schüchternheit, häufiges Lügen, aggressives Verhalten, Selbstmitleid, Alpträume, Bettnässen, häufiges Zuspätkommen, einen anstehenden Umzug in eine fremde Stadt, Stiefelternkonflikte, Angst vor dem Zahnarzt oder operativen Eingriffen, religiöse Fragen und anderes mehr.

Schließlich darf natürlich auch der Spaß nicht zu kurz kommen. Die Bärengeschichten sollen die Kinder zum Lachen bringen und ihnen Freude bereiten. Und bei der Geschichte »Mama, du bist sooo lustig!« könnten Eltern lernen, auch über ihr eigenes Verhalten zu lachen und nicht immer nur auf die Kinder zu schauen.

Tatsächlich kann die passende Gutenachtgeschichte ein Kinderproblem manchmal innerhalb von vierundzwanzig Stunden dauerhaft lösen. Dies zumindest haben mir die positiven Rückmeldungen von Eltern gezeigt.
Nicht nur beim Bettnässen wirken die »richtigen« Geschichten, sondern auch bei sozialen Konflikten in Schule und Kindergarten, bei normalen Alltagsproblemen oder bei den Eingewöhnungsproblemen der Kinder in neugegründete Patchworkfamilien. Wir können beispielsweise nachvollziehen, wie eine Mutter verunsichert wird, wenn der Fünfjährige mit Engelsmiene sagt: »Aber Mama, ich kann doch nicht zwei Papas gleichzeitig lieb haben.« Genau das ist der Augenblick für die »richtige« abendliche Bettgeschichte »Kann Eisbär Benny auch zwei Papas lieb haben?«. Es ist wunderbar, wenn sich das Kind in der Folge auch dem Stiefvater zuwenden kann.
Nicht immer ist es aber mit dem einmaligen Vorlesen getan. Was passiert beispielsweise, wenn eine Großmutter das Kind gerade bedauert hat: »Du bist ein ganz, ganz armes Kind, weil du nicht mit deinem richtigen Papa zusammenleben kannst; ein Stiefpapa ist eben nur ein Stiefpapa.«? Oft wird das Kind noch in derselben Minute die von der Geschichte angebotene Lösung wieder aufgeben. Wenn man die Geschichte dann noch einmal vorliest, traut sich das Kind meist, seine Haltung erneut zu ändern.
Die hier vorgestellten Geschichten lassen sich aber auch vorbeugend einsetzen, ähnlich wie eine (psychische) Impfung. So kann man zum Beispiel schon vor einem Umzug mehrmals die Geschichte »Ich bin Griechin, in Griechenland ist alles besser!« vorlesen oder auf der CD vorspielen. Auf diese Weise kann sich das Kind besser auf die zukünftig eintreffenden Umstände vorbereiten. Ein anderes Beispiel: Wenn Ihr Kind Angst vor einem Arztbesuch hat, dann können Sie ihm vorher die entsprechende Bä-

rengeschichte »Die pieksenden Rosen« vorlesen oder ihm von der CD vorspielen.

Die Bärengeschichten sind aus der Praxis entstanden und für Kinder geschrieben worden. Dabei war mir immer wichtig, die konkrete Lebenssituation des Kindes im Auge zu behalten. Ich möchte alle Leser dieses Buches ermutigen, die Geschichten bei Bedarf an die individuelle Situation des Kindes anzupassen. Im Zweifelsfall ist es jedoch besser, dem Kind die Geschichte so zu präsentieren, wie sie ist. Sein Unbewusstes wird sie in der Regel, trotz ganz anderer Lebensumstände, »richtig« zu Ende denken ...
Die Geschichten eignen sich für Kinder im Alter von vier bis zirka zwölf Jahren. Interessierte Eltern können den jeweils ausgewählten Text gern vorher schon einmal daraufhin prüfen, ob er sprachlich und auch im Hinblick auf das Alter des Kindes angepasst werden sollte. Auch das Geschlecht einer bestimmten Figur aus dem Text kann manchmal verändert werden, wenn die jeweilige Familiensituation es erfordert. Allerdings ist das Unbewusste der Kinder nicht »dumm«: Es kann zuweilen auch sinnvoll sein, eine Geschichte aus umgekehrter Geschlechterperspektive zu erzählen, damit das Gemeinte nicht zu offensichtlich wird ... Dies gilt besonders für ältere Kinder, die den Braten oft schnell riechen und merken, worum es in den betreffenden Handlungssträngen eigentlich geht. Je verdeckter sie erzählt und angenommen werden, desto ruhiger verläuft die innere, seelische Verarbeitung, und desto weniger »Widerstand« gegen die Botschaft gibt es!

In manchen Geschichten stört den Leser möglicherweise die Verwendung der Umgangssprache. Dieses Buch ist jedoch nicht in erster Linie für den Leser, sondern für (kindliche) *Hörer* geschrieben. In diesem Sinne ist es kein »normales«, sondern ein Vorlesebuch. Bekanntermaßen ist die gesprochene viel mehr als die Schriftsprache auch mit Kraftausdrücken angereichert. Hier gilt

dies besonders für die Geschichte »Der beste Freund«, was natürlich auch mit deren Inhalt zusammenhängt! Selbstverständlich steht es jedem Vorleser frei, bestimmte Ausdrücke nach der eigenen Einschätzung abzuändern! Je mehr die Sprache von den Eltern für das Kind maßgeschneidert wird, desto besser!
Die Botschaften des Vorgelesenen erreichen das Kind umso nachhaltiger, je mehr sie – auch sprachlich – aus der Perspektive des Kindes vorgelesen werden. Kinder sprechen und schreiben aber keine »Hoch-« oder »Schriftsprache«, sondern Umgangssprache. Dementsprechend geht es in meinen Kindergeschichten sprachlich oft ziemlich »normal« und zuweilen auch »deftig« zu.
Wenn in den Geschichten jedoch für das Kind fremde, ungewohnte Wörter vorkommen, kann man sie entweder schon vorher erklären, oder aber man erläutert sie während des Lesens. Entscheidet man sich, die CD vorzuspielen, kann man dies ebenfalls tun. Man drückt während des Vorspielens die Pause-Taste und gibt kurz eine Erläuterung. Natürlich können sprachliche Besonderheiten der verschiedenen Regionen hier nicht berücksichtigt werden. So musste ich einen Mittelweg gehen und hoffe, dass alle elterlichen Vorleser in eigener Verantwortung die Texte sprachlich ihren heimatlichen Gegebenheiten angleichen, wenn sie dies für wichtig halten.

Wie schon gesagt wurde, sind die Bärengeschichten keine Belletristik für Erwachsene. Sie sollen auch kein Deutschbuch für die Schule sein. Das Ziel besteht darin, kreative Lösungskräfte im Unbewussten des Kindes freizusetzen. Dies gelingt am besten, indem man sich immer wieder neu in die Kindersprache einfühlt. Hier und da kann das auch mal geschehen, ohne dass stilistische Feinheiten berücksichtigt werden! Wenn Sie sich – hoffentlich! – nach einiger Zeit trauen, Ihrem Kind auf den Leib geschriebene Geschichten zu erzählen, dann tun Sie das bitte so, wie Ihnen der Schnabel (Entschuldigung!) gewachsen ist.
Nicht nur die Sprachform muss beim Lesen berücksichtigt wer-

den, sondern auch das Alter der zuhörenden Kinder. Je jünger diese sind, desto besser muss das eigene Vorlesen vorbereitet werden, damit das Kind auch alles versteht und die Geschichte gut annehmen kann. Dazu gehört, dass man langsam vorliest und immer auf die Körpersprache des Kindes schaut. Wenn es dauernd mit anderen Dingen beschäftigt ist und gar nicht richtig zuhört, läuft etwas falsch. Dann sollte man die Geschichte bei späterer Gelegenheit noch einmal erzählen und sich vor allem mehr Zeit nehmen!

Sowohl im Buch als auch auf der CD kommen zu Beginn die Geschichten für die eher kleineren Kinder. Im Buch steht neben der Überschrift das Symbol CD, wenn die Geschichte auch auf der CD enthalten ist.

Zur Vorbereitung und Unterstützung gehört gerade für jüngere Kinder, dass man sich von ihnen helfen lässt: Man bittet sie, aus ihren Spielsachen die entsprechenden Figuren auszusuchen, zum Beispiel Playmobil und Tiere (oder auch neutrale Figuren, die buchstäblich alles darstellen können). So kann man sie etwa bitten: »Für die folgende Geschichte brauchen wir einen Bären [für den Kleinen Bären], eine weibliche Spielfigur für die Tierpflegerin Lydia, zwei Giraffen, und vor allem brauchen wir ein rotes Spielauto.« (Das Beispiel bezieht sich auf die Geschichte »Wie die Giraffe Hugo auf den Umzug wartete«.) Um es Vater und Mutter einfacher zu machen, finden sie nach der jeder Geschichte vorgeschalteten Eltern-Information Hinweise zu »Haupt-« und »zusätzlichen Requisiten«. Erstere verwendet man, wenn man sich auf das Wichtige beschränken will. Hat man selbst als Mutter oder Vater den Eindruck, es soll möglichst plastisch und intensiv für das Kind werden, dann kann man die »zusätzlichen Requisiten« dazunehmen. Nicht für alle hat man gleich etwas zur Hand, doch mit Kreativität finden sich immer Lösungen. Ein See oder eine Cafeteria zum Beispiel kann auch auf ein Blatt Papier gemalt werden.

Bevor man mit der eigentlichen Geschichte startet, breitet man auf dem Boden oder am Tisch alle Figuren und Hilfsmittel aus und erklärt die jeweiligen Namen der Menschen und Tiere. Auf diese Weise stimmt man das Kind ein und macht es neugierig auf die Geschichte. Wer das Hören so vorbereitet, dessen Kinder werden in aller Regel auch gespannt zuhören! Denn das gemeinsame Vorbereiten hat das Ganze schon teilweise zur eigenen Geschichte werden lassen!
Während des Erzählens kann man dann selbst oder ein anderer Erwachsener die jeweilige Handlung durch eine entsprechende Aktion der Figuren verdeutlichen – am besten tun dies natürlich die Kinder! In der Geschichte »Der beste Freund« wird beispielsweise der starke Gorilla Fritz mit einem Transporter in einen anderen Zoo gebracht. Wenn die Kinder vorher einen Krankenwagen oder einen Viehtransporter als Spielauto besorgt haben, kann man die Szene anschaulich nachspielen. Dadurch wird die Geschichte noch wirklicher vor dem inneren Auge des Kindes ablaufen, und es wird auch voll konzentriert bei der Sache sein und nicht abgelenkt werden. Je intensiver das Kind das Erzählte aus seinem Inneren heraus miterlebt, desto sicherer tritt die erhoffte positive Wirkung ein.
Bei den Hörstücken von der CD ist es empfehlenswert, immer wieder mal die Pause-Taste zu drücken. Das wird nicht nur sinnvoll sein, falls die Konzentration der Kinder nachlässt. Man kann ihnen dadurch, ähnlich wie beim Vorlesen, die Gelegenheit zum Nachstellen der Szenen mit Spielfiguren geben.

Und noch einige Hinweise für den Umgang mit den Texten: Unter jedem Titel findet sich in *Kursivschrift* eine Information für Eltern, welches Verhalten die jeweilige Geschichte zum Thema hat und bei welchen Problemen sie geeignet ist. Dabei bin ich allerdings nur auf die wichtigsten Themen der Geschichten eingegangen. Mehr dazu finden Sie im Themenregister am Ende des Buches. Dieses Register kann schnell einen Hinweis auf eine mög-

licherweise passende Geschichte für das Problem Ihres Kindes geben. Sinnvoll ist es aber auf alle Fälle, zunächst »Wo und wie der Kleine Bär lebt« vorzulesen oder den Text von der CD vorzuspielen. So erhalten die Kinder eine erste Orientierung über den Zoo, das Umfeld der Handlungen.
Eckige Klammern innerhalb mancher Texte enthalten Hinweise darauf, wie der Sprecher die jeweilige Stelle lesen soll, damit die Kinder den Inhalt noch besser verstehen. Und nach dem Hören der Geschichte sollten wir Eltern uns noch die Zeit nehmen, mit dem Kind darüber zu sprechen und uns auszutauschen. Hat es noch Fragen zum Gehörten? Ist alles nachvollziehbar gewesen? Ging irgendetwas zu schnell, das Mama oder Papa besser noch mal erklärt? Wenn es einem Kind wichtig ist, sollten wir eine wichtige Textstelle auch ein zweites Mal vorlesen oder von der CD vorspielen.
Und noch ein wichtiger praktischer Rat für den Fall, dass Ihr Kind schon gut lesen kann: Eltern sollten dieses Buch nie im Kinderzimmer oder an anderen gut zugänglichen Stellen liegen lassen. Die speziellen Hinweise für Eltern am Anfang der einzelnen Geschichten sind wirklich nur für sie gedacht. Wenn Kinder sie lesen, könnte es passieren, dass die enttarnte pädagogische Botschaft der Geschichte wirkungslos bleibt!

Fehlen soll auch nicht der Hinweis über den psychotherapeutischen Hintergrund der hier angewandten Methode: Das Erzählen therapeutischer Geschichten steht in der Tradition des großen amerikanischen Arztes und Psychotherapeuten Milton Erickson. Als junger Therapeut habe ich in meiner Ausbildung nach dieser Methode gelernt, wie man Erwachsenen Geschichten auf den Leib schneidert, so dass man sich mit Hilfe des Unbewussten traut, selbständig in Lösungen zu gehen. Wie das Zusammenspiel zwischen Therapeut, Klient und dem Motor der erzählten Geschichte praktisch funktioniert, zeigt anschaulich das Beispiel von Iris in den »Vertiefenden Hinweisen«. Hier findet sich auch eine Emp-

fehlung, wie man kreativ kindlichen Alpträumen auf den Leib rücken kann. (Natürlich kommen zu den Themen »Kindliche Träume« und »Alpträume« auch entsprechende Bärengeschichten im Hauptteil dieses Buches vor.)
Eltern, die noch mehr Erziehungstipps und Informationen über Probleme mit Kindern suchen, seien auf weitere empfehlenswerte Bücher hingewiesen (siehe Literaturverzeichnis). Unbedingt ans Herz legen möchte ich allen Eltern die Bücher von Dr. Michael Winterhoff.

Vielleicht trägt dieses Buch und Hörbuch ja nicht nur dazu bei, dass Sie mit Ihren Kindern viel Spaß beim gemeinsamen Hören und Lesen der Geschichten haben ... Möglicherweise verspüren Sie anschließend auch Lust, Ihrem Kind selbst eine Geschichte zu erfinden, die es braucht. Das wäre wirklich ganz im Sinne der Bärengeschichten: Anregungen zum Verfassen finden Sie in den »Vertiefenden Hinweisen« gegen Ende des Buches!

Allgemeine Kinderthemen

Wo und wie der Kleine Bär lebt (CD)

- *Eltern-Information: zur Orientierung über das Lebensumfeld des Kleinen Bären und zur Einführung in den Zyklus der Bärengeschichten. Unbedingt sollten die Kinder diese Schilderung des Zoos zuerst hören, bevor eine andere Geschichte vorgelesen wird.*
- *Hauptrequisiten: Spielfiguren für den Kleinen Bären, einen Elefanten und einen Schimpansen, Haus, Zoo (gemalt oder aus dem Bilderbuch).*
- *Zusätzliche Requisiten: Spielfiguren für Lisa, Anja, »Doc«, einen Bankräuber und Polizisten, Polizeiautos, eine Zeitung, viele Zootiere.*

Der Kleine Bär lebt in einem wunderschönen Haus am Rande von Bärstadt. Dort wohnt er mit seinem Vater, seiner kleinen Schwester Anja und seinen Eltern. Aus seinem Zimmer kann der Kleine Bär direkt auf den Wald und einen Teich schauen.
Morgens geht der Kleine Bär in den Zoo, denn er arbeitet dort als Tierpfleger. Vor allem ist er für die Elefanten zuständig. Sowohl ihm als auch den Elefanten macht es einen Riesenspaß, wenn sie mit dem Wasserschlauch abgespritzt werden.
Die treuesten Kameraden des Kleinen Bären sind Anne, die große alte Elefantendame, und der Schimpanse Fips. Wenn es im Zoo Probleme mit Tieren gibt, ruft man den Kleinen Bären oft zu Hilfe. Meist hat er tolle Ideen, wie man die Tiere unterstützen kann, damit es ihnen bessergeht. Manchmal aber weiß auch der Kleine Bär nicht weiter. Doch das macht gar nichts, denn der Fips,

der Affe, und die Elefantendame Anne sind ziemlich klug. Nicht selten kommen die besten Tipps von ihnen. Aber manchmal weiß auch der Zoodoktor, den alle »Doc« nennen, wie es weitergehen könnte.
Alle im Zoo lieben den Kleinen Bären, denn er ist immer sehr freundlich und hat für jeden ein gutes Wort. Deswegen geht der Zoodirektor meist zum Kleinen Bären, wenn er Hilfe braucht. Doch auch wenn aus Afrika oder von einem anderen Zoo Tiere abgeholt werden müssen, bekommt meist der Kleine Bär diesen Auftrag.
Manchmal ist es wirklich unglaublich, was der Kleine Bär so alles erlebt. Letztes Jahr bat ihn sogar die Polizei um Hilfe. Da hatte sich ein Bankräuber hinter mehreren Panzertüren verbarrikadiert, und niemand wusste, wie man diese denn jemals aufmachen sollte.
Irgendeiner sagte dann: »Ihr braucht bloß den Kleinen Bären zu fragen, der weiß bestimmt einen Rat.«
Der Kleine Bär wusste zwar keinen Rat, aber Anne, die Elefantendame, meinte: »Lasst das mal meine Sorge sein!«
Begleitet von zwei Polizeiautos, ritt der Kleine Bär auf dem Elefanten zur Bank. Mit einem einzigen donnernden Fußtritt zerschmetterte Anne nicht nur ein Stück der Mauer auf der Rückseite jenes Banktresorraumes, sondern ihr Fuß landete auch direkt im Safe. Anne schaute anschließend durch das Loch ins Innere des Safes. Der Bankräuber schlotterte vor Angst am ganzen Körper, als er den mächtigen Elefantenkopf sah. Freiwillig ließ er sich von der Polizei abführen.
Am nächsten Tag stand sogar ein Bild von Anne in der Zeitung. Ein Reporter hatte nämlich genau in dem Moment ein Foto gemacht, als Anne beherzt zutrat. Nun hängt das Bild in dem kleinen Zimmer im Zoo, von dem aus der Kleine Bär telefoniert und seine Arbeit plant.
Ihr könnt euch vorstellen, was da in den folgenden Tagen im Zoo los war! Sogar Schulklassen rückten in Scharen an, um diesen

berühmten Elefanten zu bestaunen: Alle wollten ein Foto, auf denen sie selbst und auch Anne zu sehen waren.
Zum Glück muss der Kleine Bär nicht andauernd arbeiten. Mittags geht er oft in die Zoo-Cafeteria und lässt sich dort das leckere Essen schmecken. Da trifft er dann viele andere Tierpfleger, aber auch die nette junge Kassiererin des Zoos: Lisa.
Bei schönem Wetter kauft sich der Kleine Bär manchmal ein Eis, oder er besorgt sich die Zoozeitung und setzt sich auf die Bank vor den Tigern oder vor die Seelöwen und lässt sich von der Sonne bescheinen.
Es gab aber auch eine Zeit, als der Kleine Bär noch gar nicht im Zoo arbeitete. Da spielte er im Wald mit den Tieren oder lernte schwimmen und Fahrrad fahren.

Maltes Fahrrad und der Kleine Bär, Teil 1 (CD)

- *Eltern-Information: Radfahren lernen; nicht aufgeben, auch wenn man gehänselt wird.*
- *Hauptrequisiten: der Kleine Bär, drei Spielzeugfahrräder, Figuren für Jenny und Malte.*
- *Zusätzliche Requisiten: Wald, Enten, Papa-Bär, Mama-Bär, verschiedene Waldtiere.*

Als der Kleine Bär sehr jung war und noch nicht im Zoo arbeitete, konnte er nicht Fahrrad fahren. Damals schlenderte er einmal durch einige Straßen, als er einem Mädchen beim Radfahren zusah. Das Mädchen erzählte, dass es »Jenny« heiße und für sein Leben gern Fahrrad fuhr.

Der Kleine Bär ging weiter und kam in ein Dorf. Da sah er einem kleinen Jungen zu, der Fahrrad fuhr. »Ich würde auch so gern mal Fahrrad fahren«, dachte der Kleine Bär. Der Junge sah, wie der Kleine Bär ihm bewundernd beim Radfahren zuschaute.

»Willst du auch mal fahren?«, fragte der Junge, der sich mit dem Namen »Malte« vorstellte.

»Ich trau mich nicht«, sagte der Kleine Bär. »Ich kann nicht Fahrrad fahren.«

»Versuch's doch einfach mal«, sagte Malte aufmunternd, stieg ab und hielt ihm das Fahrrad hin. »Ich zeig dir, wie's geht.«

Der Kleine Bär hielt das Fahrrad etwas ängstlich und setzte sich auf den Sattel. Malte half ihm und hielt ihn fest.

»Du musst abwechselnd und gleichmäßig in die Pedale treten«, sagte er. »Links – rechts – links – rechts.«

Der Kleine Bär gab sich alle Mühe, doch das Rad wackelte fürchterlich hin und her. Malte rief seine Anweisungen. »Du kannst es, siehst du, du kannst es!«, brüllte er.

In dem Moment machte es »rums!«, und der Kleine Bär lag mitsamt dem Rad auf dem Boden. »Macht nichts«, sagte Malte, »so war's bei mir am Anfang auch. Einfach aufstehen und neu anfangen.«

Der Kleine Bär wischte sich übers Knie, wo es ihm wehtat. »Das ist ja richtig anstrengend!«, keuchte er. »Ich probier's noch mal.«

Tatsächlich klappte es beim zweiten Mal schon viel besser. Und nach einer Stunde strahlte der Kleine Bär bereits.

»Du kannst jetzt schon ganz gut fahren«, sagte der Junge, »doch jetzt musst du mir das Fahrrad wiedergeben, denn ich muss nach Hause.«

»Schade«, sagte der Kleine Bär, »auf alle Fälle vielen Dank, Malte! Das war ganz wunderbar.«

Der Kleine Bär lief pfeifend durch den Wald und kam zu einigen Enten an einem See. »Ich kann jetzt Fahrrad fahren«, berichtete er ihnen stolz.

»Du kannst Fahrrad fahren!«, grölten die Enten.

»Hört mal!«, riefen die Enten zu den Schwänen herüber. »Der Kleine Bär meint, er könnte Rad fahren.«

Die Schwäne kringelten sich vor Lachen: »Es reicht doch schon, dass er mit Wasser spritzen kann!«

Im Nu wussten alle Tiere im Wald, dass der Kleine Bär erzählte, er könne Fahrrad fahren. Traurig ging der Kleine Bär nach Hause.

Papa-Bär meinte: »Leider können wir dir kein Rad kaufen, wir können uns das jetzt nicht leisten.« Auch Mama-Bär wusste da keine Hilfe. Der Kleine Bär ging ins Bett. Er träumte davon, wie wundervoll das Fahrradfahren war.

Am nächsten Morgen ging er wieder zum See. Eine der Enten sah, wie der Kleine Bär still am Ufer stand und auf den See schaute.

»Na, Kleiner Bär, du bist wohl traurig wegen der Sache mit dem Fahrrad?«

»Ja, bin ich«, kam es fast trotzig aus ihm heraus.

»Wenn mich nicht alles täuscht«, sagte die Ente, »dann steht am anderen Ufer des Sees ein altes Fahrrad, das mal jemand vor langer Zeit dort hat stehen lassen. Lass uns doch mal dorthin gehen.«

Das machten sie dann auch. Das Fahrrad war ziemlich schmutzig und rostig. Nun kamen alle Enten und brachten Putzzeug herbei. Sie wackelten dabei lustig mit ihrem Hintern hin und her. Bald schon blinkte und blitzte das Fahrrad. Nur die Reifen waren kaputt.
»Du musst dir neue Reifen besorgen!«, waren sich die Enten einig.
Der Kleine Bär bedankte sich bei ihnen und schob das Rad nach Hause. Papa-Bär und Mama-Bär staunten, als sie das Fahrrad sahen. »Mit den Reifen, das ist kein Problem«, sagte Papa-Bär. »Die kann ich dir kaufen.«
Am nächsten Tag kaufte Papa-Bär ein Paar Reifen und montierte sie. Der Kleine Bär war außer sich vor Stolz, denn nun hatte er das schönste Fahrrad auf der ganzen Welt. Er schwang sich gleich auf den Sattel und fuhr zu den Enten. Die Enten riefen: »Bravo!«, während der Kleine Bär um den See fuhr und allen Tieren fröhlich zuwinkte.

Kekse, Honig und ein Fahrrad (Teil 2 von »Maltes Fahrrad«)

- *Eltern-Information: Esskontrolle, Maß halten beim Essen, ungeduldiges Verhalten, mit dem man sich gefährdet, nicht abwarten können.*
- *Hauptrequisiten: der Kleine Bär, zwei Fahrräder, Figuren für Jenny und ihre Mutter, drei Teetassen, Kekse mit Keksdose, ein Glas Honig.*
- *Zusätzliche Requisiten: Mama-Bär, Papa-Bär, Enten, kleiner Ast für eine Baumwurzel, Raubvögel, Ofen zum Backen.*

Als der Kleine Bär Rad fahren konnte, musste er natürlich auch in die Stadt fahren, um dem Mädchen Jenny sein tolles Fahrrad zu zeigen. Jenny freute sich für ihn: »Hast du ein tolles Rad!«, rief sie. »Komm, wir fahren ein bisschen durch die Gegend.«

Jenny zeigte dem Kleinen Bären ihr Stadtviertel. Das gefiel ihm ziemlich gut.

»Willst du noch zu uns kommen? Ich zeige dir meine Mama«, meinte Jenny.

»Klar doch«, sagte der Kleine Bär, »ich komm mit.«

Jenny brauste voran, und bald waren sie in einer Straße mit vielen hohen Bäumen.

»Hier wohne ich«, sagte Jenny und deutete auf ein gelbes Haus.

Auch der Kleine Bär stieg nun ab und lehnte sein Rad an die Hauswand.

Jenny nahm einen Schlüssel und schloss die Tür auf. Jenny und ihre Eltern wohnten im Erdgeschoss. Mama war gerade in der Küche und schaute erstaunt, als sie den Kleinen Bären neben ihrer Tochter sah.

»Hast du einen neuen Freund?«, fragte sie.

»Aber Mama«, entgegnete Jenny, »ich hab dir doch von einem lie-

ben Kleinen Bären erzählt, den ich beim Radfahren getroffen habe. Jetzt hat er sogar ein eigenes Rad und kommt mich besuchen.«
»Na, das ist ja wundervoll«, lächelte Jennys Mama. »Dann setzt euch mal hin, ich mach euch einen Tee.«
Jennys Mama machte einen lecker duftenden Vanilletee.
»Gibt's auch was zu naschen?«, fragte Jenny. »Wir haben doch erst Plätzchen gebacken.«
»Ja, eine ganze Dose voll haben wir noch, die stell ich euch auf den Tisch.«
Und schnell stand eine Dose voll von Zitronenplätzchen auf dem Tisch. Dem Kleinen Bären schmeckte es nicht nur, weil er Hunger hatte. Jennys Mutter konnte echt gut Plätzchen backen. Der Kleine Bär merkte gar nicht, wie ein Keks nach dem anderen in seinem Mund verschwand. Jenny und ihre Mutter machten große Augen, aber sie sagten nichts. So war die Keksdose bald leer.
»Mama, haben wir noch mehr Kekse?«, fragte Jenny. »Wir können unseren Gast doch nicht verhungern lassen!«
Der Kleine Bär merkte nun, dass er die Kekse fast ganz allein gegessen hatte.
»Oh, das tut mir aber leid«, sagte der Kleine Bär kleinlaut. »Das hab ich gar nicht gemerkt, wie schnell und wie viel ich da gegessen habe ...«
»Sie haben ihm geschmeckt«, sagte die Mutter grinsend zu Jenny. »Ich glaube, dein Freund muss morgen gleich noch mal zu uns kommen, denn er kann uns dann helfen, neue Kekse zu backen.«
»Das ist eine tolle Idee!«, rief Jenny aus, und auch der Kleine Bär fand den Vorschlag prima.
Doch so langsam wurde es jetzt dunkel. Der Kleine Bär verabschiedete sich und fuhr mit seinem neuen Fahrrad wieder nach Hause. Mama-Bär und Papa-Bär lauschten seinen neuesten Abenteuern und fanden die Geschichte mit der Keksdose gar nicht so lustig.
»Du musst Jennys Mama ein Glas von unserem guten Honig mitbringen!«

»Mach ich, Mama«, sagte der Kleine Bär und gähnte. Er war ziemlich müde, und schon bald legte er sich in sein Bett. Wie immer blieb die Tür seines Zimmers einen Spalt auf, damit Mama und Papa gut auf ihn aufpassen konnten.
Am nächsten Tag nach dem Frühstück fuhr der Kleine Bär zum See, wo ihn die Enten freudig begrüßten.
Der Kleine Bär stieg vom Rad und lehnte es an einen Baum. Er legte sich in die Sonne und beobachtete einige Bussarde am Himmel. Zum Mittagessen fuhr er dann wieder heim. Es gab leckeren Blumenkohl. Anschließend verabschiedete sich der Bär von seinen Eltern und stieg wieder aufs Rad. Er wollte zu Jenny, um Plätzchen zu backen.
»Nimm das Glas Honig mit!«, sagte Papa-Bär und reichte ihm eines. Die Mama wollte noch eine Tasche holen, doch darauf mochte der Kleine Bär nicht warten.
»Ich hab so Lust auf Plätzchen, ich muss ganz schnell losfahren!«, rief er seinen Eltern zu, während er schon mit dem Rad davonfuhr.
In der einen Hand hielt der Kleine Bär das Glas Honig, und mit der anderen steuerte er das Fahrrad. Da tauchte plötzlich auf dem Feldweg ein Stück einer Baumwurzel auf. Doch der Kleine Bär hatte es so eilig, dass er gar nicht richtig auf den Weg achtete.
»Peng!«, machte es. Das Fahrrad überschlug sich. Und der Kleine Bär landete mit dem Hintern auf der Erde. Zum Glück verletzte er sich nicht, doch der Honig floss über den Waldboden. Es duftete sehr lecker. Der Kleine Bär konnte nicht widerstehen. Er schleckte den Honig an den Stellen auf, an denen keine Scherben lagen. Dass dies ziemlich gefährlich war und sich kleine Glassplitter im Honig hätten verbergen können, das bedachte er nicht. Aber zum Glück ist nichts passiert.
»So ein Mist!«, schimpfte der Kleine Bär anschließend. »Jetzt muss ich wieder zurück, hoffentlich kriege ich ein neues Glas Honig.«
Mama-Bär staunte nicht schlecht, als ihr Sohn plötzlich wieder

da war. Als sie sein honigverschmiertes Gesicht sah, wusste sie sogleich, was passiert war.
Nachdem sich der Kleine Bär das Gesicht gewaschen hatte, setzte er sich wieder aufs Rad.
Diesmal gab ihm die Mama einen Beutel mit, den er sich umhängen konnte. Dahinein legte sie das Glas. »Trotzdem sollst du vorsichtig fahren«, ermahnte sie ihn.
Bald war der Kleine Bär in der Stadt. Jenny machte die Tür auf und sagte: »Wo warst du denn so lange? Wir haben schon auf dich gewartet.«
Der Kleine Bär behielt seinen kleinen Unfall für sich und kratzte sich nur verlegen am Kinn. »Schau mal, ich hab hier ein Glas Honig für euch. Das hat mir meine Mama mitgegeben.«
Jennys Mutter konnte nicht widerstehen. Sie machte sogleich das Glas auf und schleckte den Honig mit ihrem Zeigefinger.
»Aber Mama, so was macht man doch nicht!«, sagte Jenny streng. »So was tun nur ungezogene kleine Kinder. Wenn ich das dem Papa erzähle ...!«
»Mhm, ist dieser Honig lecker. So was kriegt man nicht zu kaufen. Lieber Kleiner Bär, sag deiner Mama, dass das der beste Honig ist, den ich je gegessen habe.«
»Mach ich«, sagte der Kleine Bär und strahlte.
Dann ging es ans Plätzchenbacken.
»Wieso backen wir eigentlich im Sommer Plätzchen?«, fragte Jenny ihre Mutter.
Die Mama lachte. »Die Leute denken immer, dass man nur in der Weihnachtszeit Plätzchen backen soll. Das ist aber Quatsch! Außerdem backen wir ja auch keine Weihnachtsplätzchen, sondern Zitronenplätzchen. Die kann man übers ganze Jahr essen.«
Jenny und der Kleine Bär halfen der Mama fleißig, und bald schon konnten sie die ersten Bleche aus dem dampfenden Ofen ausräumen. Leider waren es nicht so viele Plätzchen wie gedacht, denn Jenny und vor allem der Kleine Bär hatten viel zu oft von den Teigschüsseln genascht.

Mittlerweile wurde es schon langsam dunkel. »Du musst heimfahren«, sagte Jenny.
»Doch er muss ein paar Plätzchen mitnehmen«, sagte die Mutter und machte ihm ein Päckchen zurecht.
Der Kleine Bär verabschiedete sich von den beiden und versprach, bald wiederzukommen. Eine halbe Stunde später, zu Hause, nach dem Abendessen, zeigte der Kleine Bär seinen Beutel mit den Plätzchen.
»Zitronenplätzchen!«, meinte Papa-Bär anerkennend, als er seine Nase wieder aus dem Beutel herauszog. Mama-Bär nahm sich ein Plätzchen, biss hinein und fand, dass sie gut schmeckten.
Dem Kleinen Bären fielen schon die Augen zu. Der Tag hatte ihn ganz schön müde gemacht. Ob er nun vom Plätzchenbacken träumte, wissen wir nicht. Doch der Duft von Zitrone blieb ihm noch lange in der Nase.

Wie der Kleine Bär schwimmen lernte, statt Boot zu fahren (CD)

- *Eltern-Information: bei Angst vor Neuem, Angst vor dem Schwimmen und anderen Sportarten.*
- *Hauptrequisiten: See, Boot, der Kleine Bär, Waldtiere, Enten.*
- *Zusätzliche Requisiten: Kinderfiguren, Holzstücke, Katzen, Schwäne.*

Der Kleine Bär ging gern im Wald umher und sprach mit den Tieren. Doch auch bei den Kühen und Schweinen, die bei den Bauern am Waldrand lebten, gefiel es ihm gut. Aber der Kleine Bär ging oft weiter und gelangte dann an einen See, in dem im Sommer die Kinder badeten. Da gab es viele Enten und ein paar Schwäne, genauso wie in einem Waldsee, den der Kleine Bär ebenfalls kannte. Es war schön, den Enten und Schwänen beim Schwimmen zuzusehen, und gern wäre der Kleine Bär auch geschwommen. Doch er traute sich nicht.

»Du armer Bär!«, spotteten die Enten, als der Kleine Bär wieder einmal bei ihnen war. »Du traust dich wohl nicht ins Wasser!«

Der Kleine Bär hatte zwar nicht vor, schwimmen zu lernen, doch zumindest wollte er ein Boot bauen, damit auch er hinaus auf den See konnte. So sammelte er viel Holz, bearbeitete es mit Werkzeugen und baute sich schließlich ein kleines Boot.

Die Enten machten sich unterdessen lustig über den Kleinen Bären: »Er wird gleich zu uns gefahren kommen. Na, das wird was werden!«

Der Kleine Bär grinste und brachte sein Boot zu Wasser.

»Es schwimmt, es schwimmt«, riefen einige Katzen, die dazukamen.

Jetzt beeilte sich der Kleine Bär, ins Boot zu steigen und sich kräftig vom Ufer abzustoßen. Doch was war das? Das Boot machte seltsame Geräusche.

»Du bist zu schwer, du bist viel zu schwer!«, riefen die Enten im Chor.
Tatsächlich war das Boot rasch gesunken, denn der Kleine Bär war wirklich zu schwer. Er fand sich schneller im Wasser wieder, als ihm lieb war. Er ruderte mit den Armen und Beinen.
»Jetzt muss er schwimmen!«, riefen die Katzen.
»Ärmlich absaufen wird er!«, johlten die Enten schadenfroh.
Der Kleine Bär hatte etwas Angst, doch schon bald schwamm er ganz ruhig und bewegte Arme und Füße im Takt. »Ich wusste ja gar nicht, dass ich schwimmen kann!«, rief der Kleine Bär laut und freute sich.
Die Enten und Schwäne klatschten Beifall: »Der Kleine Bär schwimmt, der Kleine Bär schwimmt – seht doch! Wenn man keine Angst hat und seinem Körper vertraut, kann man alles ganz schnell lernen.«
»Es ist eigentlich ganz einfach gewesen«, antwortete der Kleine Bär. »Ich habe mich nur genau daran erinnert, wie Mama und Papa beim Schwimmen Arme und Beine bewegen. Ich habe es nur genauso gemacht wie sie! Und schon schwimme ich! Außerdem bin ich am Uferrand geblieben, wo es nicht so tief ist. Da kann ich zur Not immer noch stehen!«
Alle fanden das gut, nur eine der ganz kleinen Enten ärgerte sich: »Schade, ich hatte mich so darauf gefreut, dass der Kleine Bär um Hilfe ruft und wir ihn alle aus dem Wasser ziehen müssen. Und jetzt hat er das Schwimmen fast genauso schnell gelernt wie wir!«

Monster-Schleimschnecken und Babyquatsch! (CD)

- *Eltern-Information: für Kinder, die kein Gemüse und keine Früchte mögen, obwohl beides für eine gesunde Ernährung notwendig ist; ebenso für Kinder, die sich nicht regelmäßig genug bewegen.*
- *Hauptrequisiten: der Kleine Bär, Schwester Anja und Lena.*
- *Zusätzliche Requisiten: Figuren für eine Lehrerin und eine Prinzessin, (Bild für) Mikrowelle, Dosengemüse, einige Bonbons. Frisches Obst und Gemüse sind hoffentlich in der Küche vorhanden.*

Der Kleine Bär kam vom Zoo nach Hause und traf seine Schwester Anja im Garten. Anjas Freundin Lena war zu Besuch.

»Mensch, Lena, siehst du aber blass aus!«, rief der Kleine Bär.

»Ehrlich?«, wunderte sich Lena.

»Ja, du siehst aus, als hättest du dein Gesicht mit Kreide bemalt!«

»Stimmt das?«, wandte sich Lena an Anja.

»Also in letzter Zeit siehst du tatsächlich oft sehr blass aus!«, bestätigte Anja.

»Bewegst du dich eigentlich genug, Lena? Fährst du Fahrrad? Oder bist du in einem Sportverein?«, fragte der Kleine Bär.

»Uah!«, machte Lena und tat so, als ob sie brechen müsste. »Igitt, ich mag keinen Sport, das ist langweilig.«

Der Kleine Bär grinste: »Du magst vielleicht keinen Sport, aber dein Körper schon. Nur hat der keine Chance gegen dich. Also lässt er dich ganz schön alt im Gesicht aussehen ...«

»Mein Körper rächt sich an mir?«, jetzt lachte Lena. »Das ist doch Babyquatsch!«

»Nix Babyquatsch!«, antwortete der Kleine Bär. »Wenn du morgens in die Schule gehst und lernst, tust du nur was für deinen

Kopf. Aber dein Körper muss auch zu seinem Recht kommen, sonst geht es ihm mit der Zeit immer schlechter. Was glaubst du, wofür du Arme und Beine hast?«
»Alles langweiliges und dummes Zeug«, lachte Lena.
Jetzt mischte sich auch noch Anja ein: »Ich war doch schon öfter bei euch zu Hause zu Besuch – oder?«
»Klar warst du das!«
»Deine Eltern sind echt nett, aber bei euch zu Hause ist mir was aufgefallen!«
Lena machte jetzt einen genervten Eindruck: »Hast du bei uns Monster-Schleimschnecken auf dem Teppich entdeckt? Machen die etwa auch zu wenig Sport?«
Anja blieb gelassen: »Monster-Schleimschnecken hab ich zum Glück keine bei euch gesehen. Aber mir ist aufgefallen, dass es bei euch fast nur Essen aus der Dose gibt oder Sachen, die man schnell in die Mikrowelle schiebt. Und wenn du in der Schule wegen Erkältung fehlst, dann bist du viel länger zu Hause als andere Kinder. Das find ich immer schade, weil ich doch so gern mit dir spiele!«
»Jetzt laberst du genau wie Frau von und zu Rosenmüller!«, sagte Lena. »Die redet immer wieder davon, wie wichtig frischgekochtes Gemüse und Obst und wie schädlich die vielen Süßigkeiten sind. Du glaubst wohl auch, mit diesen blöden Vitaminen wäre ich wieder schneller in der Schule?«
Anja nickte.
»Ist Frau Rosenmüller eure Lehrerin?«, fragte der Kleine Bär.
»Ja«, bestätigte Anja. »Frau Magdalena von Rosenmüller, deren Ururgroßmutter eine Prinzessin gewesen sein soll ...«
»Auch ohne Prinzessin scheint eure Lehrerin ziemlich okay zu sein«, meinte der Kleine Bär. »Was wären unsere Tiere im Zoo ohne frisches Gemüse und Obst? – Sie wären tot! Viele unserer Tiere sterben sogar sehr schnell, wenn man ihnen Süßigkeiten zu essen gibt!«
»Die sterben schnell ...?«, wunderte sich Lena.

»Ja, leider kommt es trotz Verbotsschildern immer wieder dazu, dass Kinder Süßigkeiten an Tiere verfüttern. Das ist sehr schlimm.«
»Und wo habt ihr das Futter für die Tiere her?«, fragte Lena.
»Oh, wir kaufen so viel wie möglich von Bauern aus unserer Umgebung. Denn wir haben herausgefunden, dass unsere Tiere am gesündesten sind, wenn sie viel fressen von dem, was hier bei uns angebaut wird. Und ob du es glaubst oder nicht: Auch bei uns Menschen ist das so! Die Birnen aus Bärstadt geben deinem Körper mehr als die Kiwis aus Neuseeland!«
»Tja«, quietschte Lena, »dann komm ich gleich mit in den Zoo und lass mich regelmäßig von dir mit frischem Blumenkohl füttern!«
»Genau so machen wir es«, klatschte der Kleine Bär Beifall. »Ich stecke dich morgen zu den Pandabären. Die werden immer mit so viel leckerem Grünzeug verwöhnt, da wirst du aufblühen von all den Vitaminen und Mineralstoffen ...«
Jetzt mussten alle drei lachen. Papa-Bär kam gerade aus dem Haus und grinste schelmisch: »Wollt ihr was Leckeres haben?«
»Was gibt es denn, Papi?«
»Ich habe frisches Eis aus unseren Erdbeeren im Garten gemacht – mit ganz viel Joghurt!«
»Igitt!«, machte Lena. »Ihr esst Süßigkeiten? Ganz schrecklich ist das ja ... Ich dachte, ihr esst nur Gesundes.«
»O nein!«, protestierte Anja. »Wer viel Obst und Gemüse isst, der darf natürlich ab und zu auch mal naschen.«
Gemeinsam ließen sich die drei das leckere Eis schmecken. Papa-Bär machte sogar noch frische Sahne mit Vanillezucker dazu, und eine Waffel obendrauf gab's auch!
Als der Kleine Bär am nächsten Tag vom Zoo nach Hause kam, traf er wieder Anja im Garten. »Und, spielst du heute nicht mit Lena?«
»Ach!«, seufzte Anja. »Lena ist schon wieder krank. Und vermutlich wird sie wieder lange brauchen, bis sie gesund wird. Und allein spielen macht einfach keinen Spaß.«

»Schade«, brummte der Kleine Bär. »Vielleicht sollte sich Lena tatsächlich mal bei den Pandabären einquartieren! [Kleine Sprechpause.] Komm, wir gehen zu unserem Fußballtor im Garten und machen Elfmeterschießen. Jeder darf fünfmal schießen.«

»Au ja!«

Meist verlor Anja beim Elfmeterschießen gegen ihren Bruder. Aber heute gewann sie: fünf zu vier!

Die pieksenden Rosen (CD)

- *Eltern-Information: bei Angst vor dem Zahnarzt und medizinischen Eingriffen aller Art, zum Geduldlernen.*
- *Hauptrequisiten: der Kleine Bär, Schwester Anja und Papa-Bär, Rosen, Lupe, Pinzette, kleines Gefäß mit Wasser und ein Stück Seife.*
- *Zusätzliche Requisiten: Elefant, Känguru, Blumenbeet.*

Nachdem der Kleine Bär die Elefantendame Anne spätnachmittags noch einmal gefüttert hatte, konnte er endlich nach Hause gehen. Gerade kam er durch das Gartentor, als ihm seine kleine Schwester Anja entgegenlief. Sie jammerte und weinte, denn sie war an den Rosen hängen geblieben. Ein frecher Dorn steckte im Zeigefinger der linken Hand.

»Setz dich auf die Bank!«, forderte der Kleine Bär sie auf. »Ich geh rein und hole Lupe und Pinzette.«

Als der Kleine Bär wiederkam, saß Papa-Bär neben Anja und hielt ihre linke Hand, so dass er sie gut betrachten konnte.

»Ich mach das schon«, meinte der Papa gutmütig und ließ sich vom Kleinen Bären die Lupe geben.

»Ein ganz schön dicker Brummer sitzt da«, grunzte Papa-Bär.

»Oje, oje!«, jammerte Anja.

Der Kleine Bär grinste: »Soll ich schon mal den Notarztwagen rufen, Anja?«

»Du frecher, blöder Kerl, du!«, schimpfte Anja. »So lustig ist das gar nicht, wenn man einen Stachel tief im Finger hat!«

»Du hast recht, Anja, es gibt Sachen, die sind noch viel lustiger!«

Papa-Bär wurde ungeduldig mit Anja: »Jetzt wackel doch nicht so mit der Hand! Immer wenn ich den Dorn sehe, dann wackelst du.«

»Das stimmt doch gar nicht, Papa!«, protestierte Anja. »Aber der Kleine Bär ärgert mich dauernd!«

»Halt endlich die Hand still!«, schimpfte Papa und ließ sich von dem Kleinen Bären die Pinzette reichen.
»Soll ich dir die Lupe drüberhalten, während du versuchst, das Ding rauszuziehen?«, fragte der Kleine Bär.
»Ja, gute Idee!«, antwortete Papa-Bär.
Der Kleine Bär hielt die Lupe, und Papa tat sein Bestes. Doch irgendwie klappte es nicht.
»Mensch, Anja, zappel doch nicht schon wieder«, brummte Papa-Bär. »Immer wenn ich ihn gerade greifen will, dann bewegst du dich, und dann kann ich ihn nicht rausziehen.«
»Aber ich habe Angst, Papa!«, jammerte Anja.
Papa schaute auf den Kleinen Bären: »Du arbeitest doch immer so gut mit den Tieren im Zoo – oder?«
»Na klar«, antwortete der Kleine Bär.
»Kannst du Anja nicht mit deinen tollen Fähigkeiten zur Ruhe bringen?«, fragte Papa-Bär. »Dann hab ich das Ding bestimmt schnell draußen.«
»Aber sicher«, gab der Kleine Bär zur Antwort.
»Anja«, sagte der Kleine Bär, »siehst du dieses Blumenbeet hier vor der Bank?«
»Bin ich denn blöd?«, antwortete Anja wütend. »Ich bin doch keines von deinen Kängurus oder Affen im Zoo. Meinst du, ich seh die Blumen nicht? Ich hab zwar einen Dorn im Finger, aber Tomaten auf den Augen hab ich nicht!«
Der Kleine Bär streichelte Anja sanft über den Rücken und sprach mit beruhigender Stimme: »Vor langer Zeit lebte einmal ein Känguru, das stand vor einem Blumenbeet, ähnlich wie dieses hier bei uns im Garten, und es konnte sich nicht entscheiden, welche von den Blumen ihm am besten gefiel ... Kannst du mir sagen, liebe Anja, welche von den Blumen dir hier am besten gefallen und welche am zweitbesten? Schau sie genau an! Es ist ganz wichtig.«
Der Kleine Bär hatte es tatsächlich fertiggebracht, dass Anja den Dorn überhaupt nicht mehr spürte. Sie war völlig mit dem

Kleinen Bären und seiner Geschichte beschäftigt. Deswegen hatte sie auch die Hand ganz ruhig gehalten, so dass Papa dem Dorn problemlos zu Leibe rücken konnte.
Gerade wollte Anja sagen, welche Blumen ihr am besten gefielen, da hielt Papa triumphierend die Pinzette mit dem Dorn hoch.
»Das ist jetzt ein voller Erfolg, Kinder!«, rief er.
»Wunderbar, endlich ist Anjas Dorn raus«, stöhnte der Kleine Bär, während er seine Hand weit nach rechts schlenkerte. Das hätte er aber lieber mal bleiben lassen sollen, denn jetzt hatte auch er sich einen Dorn eingefangen. Er stand direkt neben einem blühenden Rosenstrauch.
»Ha, ha, ha!«, lachte Anja schadenfroh. »Nun hast du auch einen Rosendorn in deiner Hand. Das ist die gerechte Strafe dafür, dass du dich eben über mich lustig gemacht hast.«
Der Kleine Bär lachte jetzt laut: »So ein Quatsch! Dieses kleine Biest in meiner Hand ist nicht das geringste Problem für mich. Das mache ich in fünf Sekunden raus – und dabei zucke ich noch nicht einmal mit der Wimper!«
Papas Angebot, dass er auch ihm den Dorn entfernen könne, lehnte der Kleine Bär entrüstet ab. Er wollte es selbst machen. Doch der Kleine Bär war Rechtshänder, und deswegen konnte er die Pinzette mit links nicht so geschickt halten.
Papa guckte zu und wurde ungeduldig: »Hättest du mich machen lassen, dann wäre das Ding schon draußen. Du kannst das mit der linken Hand eben nicht. Und außerdem hast du jetzt schon so lange rumgemacht, dass man den Dorn kaum noch richtig sieht.«
Papa-Bär schaute durch die Lupe. »Er ist abgebrochen«, sagte er. »Jetzt kriegt man ihn gar nicht mehr raus! So ein Mist!«
»Keine Panik, ihr Süßen!«, beruhigte sie der Kleine Bär und pfiff dabei. »Was meint ihr, wie oft wir solche Situationen im Zoo mit den Tieren haben? Da gibt es für Menschen und Tiere ein altes Hausrezept. Man holt sich Kernseife oder normale Seife, füllt ein Gefäß mit warmem bis heißem Wasser und taucht den Finger

zehn Minuten hinein. Natürlich muss man auch genügend Seife reinmachen. Anschließend ist die Haut so gedehnt, dass man nur noch links und rechts neben dem Dorn ein wenig mit dem Finger quetschen oder Druck ausüben muss. Und schon flitzt das eklige Ding wie ein Pfeil heraus!«

»Genau«, sagte Papa-Bär, »so hat die Oma das auch gemacht. Und es hat fast immer geklappt.«

Papa ging ins Haus zurück und bereitete einen Topf für das Seifenbad vor.

Als er wiedergekommen war, legte der Kleine Bär seine rechte Hand in die Seifenbrühe. Nach fünf Minuten drückte er mit dem Zeigefinger und dem Daumen der linken Hand kräftig um die Stelle mit dem Dorn.

»Da ist er!«, jubelte der Kleine Bär. »Habt ihr gesehen, wie er rausgeschossen ist? Das ist doch alles ein Kinderspiel – nicht wahr, Anja?«

Anja kratzte sich an der Nase.

»Das macht so viel Spaß«, bekräftigte der Kleine Bär, »da hab ich ja fast Lust, noch ein paar Dornen einsammeln zu gehen, so viel Freude macht das, sie wieder rauszumachen.«

»Jetzt übertreibst du's aber!«, brummte Papa-Bär. »Musst du denn immer alles übertreiben, Kleiner Bär?«

»Aber Papa«, grinste Anja. »Der Kleine Bär wollte uns doch bloß zeigen, was für ein toller Hecht er ist – und dass er Dornen genauso gut rausmachen kann wie du, wenn auch ein bisschen anders!«

»Ha, ha, ha!«, lachte der Kleine Bär und gab sich dabei Mühe, ganz locker zu wirken. Aber so ganz echt klang sein Lachen nicht.

Papa musste jetzt grinsen: »Was für eine kluge Tochter ich doch habe ...! Überhaupt habe ich die wunderbarsten Kinder auf der ganzen Welt.«

Bonny, das Zebra, leidet (CD)

- *Eltern-Information: für Kinder, die ständig in Selbstmitleid verfallen und bei anderen Mitleid erregen wollen, statt selbst aktiv zu werden.*
- *Hauptrequisiten: viele Zebras, der Kleine Bär, Tierpflegerin Lydia, Doktor.*
- *Zusätzliche Requisiten: keine.*

Vor drei Jahren waren bei den Zebras Drillinge geboren worden: drei Mädchen mit den Namen »Jessica«, »Nathalie« und »Bonny«. Mittlerweile waren sie schon junge Erwachsene. Man sah sie oft mit Gleichaltrigen in einer Herde, doch eine sonderte sich häufig ab. Einmal war es besonders schlimm.
Während alle wild durch das Gehege jagten und prüften, wer am schnellsten war, stolzierte Bonny langsam nebenher. Ständig wiegte sie ihren Kopf nach links und rechts. Da kam die Mama der Drillinge vorbei und fragte ihre Tochter, was denn mit ihr los sei.
»Ach, mir ist heute gar nicht wohl. Ich glaube, ich bin zu schnell gelaufen und habe davon jetzt Schmerzen im Hals. Ich muss mich ein bisschen schonen ...«
»So, so«, grunzte die Mama, »dann schon dich halt mal ...«
Zehn Minuten später kam Julian vorbei, ein junges, gutaussehendes männliches Zebra. »Was ist denn mit dir los, Bonny?«, fragte er. »Du trägst deinen Kopf aber heute seltsam.«
»Ach!«, seufzte Bonny tief aus ihrer Brust. »Mir ist heute überhaupt nicht gut. Vielleicht sollte man den Doc holen, ich kann meinen Hals gar nicht richtig bewegen.«
»So, so«, brummte Julian. »Dann erhol dich mal gut ...«
Während alle anderen jungen Zebras miteinander tollten und viel Spaß hatten, musste Bonny beobachten, dass Julian ständig mit ihrer Schwester Nathalie sprach. Die beiden lachten viel; und es

entging Bonny auch nicht, dass Nathalie Julian ziemlich verliebte Blicke zuwarf.
Nun kam auch noch Lydia, die Zebrapflegerin, vorbei und fragte: »Was ist denn nur mit dir los, Bonny?«
Wieder klagte Bonny, es gehe ihr überhaupt nicht gut.
Am nächsten Tag schleppte sich Bonny immer noch über die Zebra-Anlage und wiegte langsam den Kopf hin und her, doch diesmal fragte niemand, wie es ihr ging. Alle ließen sie links liegen. Schließlich lief sie noch langsamer und bewegte ihren Kopf kaum mehr. Doch darauf reagierte niemand.
Und einen weiteren Tag später wiederholte sich dies noch einmal. Nein, etwas passierte doch. Julian kam zufällig nahe an Bonny vorbei. Bonny warf ihm einen sehnsuchtsvollen Blick zu.
Julian sagte: »Schade, dass du so krank bist. Ich hätte auch gern mal was mit dir unternommen.«
Bonny blühte sofort auf: »Oh, mir geht es schon viel besser. Ich denke, morgen können wir zusammen etwas machen ...«
Julian verabschiedete sich und ging wieder zu den anderen Zebras. Am darauffolgenden Tag aber ließ er sich nicht bei ihr blicken. Jedenfalls kam Lydia vorbei und sagte: »Na, Bonny, wie geht's dir denn heute?«
»Ach!«, seufzte sie aus der Tiefe ihrer Brust. »Mir geht es ja so schlecht. Der Hals tut immer noch so weh. [Fast weinerlich:] Ich muss mich schonen, ich darf nicht schnell rumlaufen oder rumtoben ...«
»Na, wenn du meinst«, sagte Lydia. »Tu, was du für richtig hältst. Jedenfalls hol ich heut Nachmittag den Doc.«
Tatsächlich kam nachmittags der Doktor mit seinem schweren braunen Medizinköfferchen. Er nahm sich viel Zeit und untersuchte Bonny von Kopf bis Fuß.
»Alles ist bestens«, meinte er schließlich. »Aber du solltest dich mehr bewegen. Ein bisschen rumlaufen und rumtoben mit den anderen Zebras, das wäre genau das Richtige für dich. Dann bist du sofort wieder gut drauf.«

Kaum war der Doc weg, legte sich Bonny in den Schatten und dachte viel nach. Sie wusste überhaupt nicht, was sie machen sollte.
Da kam plötzlich der Kleine Bär vorbei und fragte: »Na, Bonny, wie geht's dir denn so?«
Bonny wollte schon wieder ihren tiefen Seufzer loslassen, doch dann schüttelte sie sich: »Ehrlich gesagt, ich weiß es gar nicht so genau. Geht es mir jetzt gut, oder geht es mir schlecht?« Bonny rollte die Augen.
Der Kleine Bär wunderte sich ein wenig und kratzte sich an der Wange. Dann sagte er: »Also, wenn du so sprichst, denke ich mir, du musst dich entscheiden: Glaubst du, dass es dir schlechtgeht, wird es dir auch schlechtgehen. Wenn du aber davon überzeugt bist, dass es dir gutgeht, dann geht es dir sofort gut. Manchmal ist alles eine Frage der eigenen Entscheidung.«
»Tja«, meinte Bonny verlegen, »tatsächlich hat mir vor ein paar Tagen der Hals ein klein wenig wehgetan, da war so ein seitlicher Druck ... Da wusste ich dann gar nicht, ob es mir jetzt gut- oder schlechtgeht.«
Der Kleine Bär lachte: »Wenn man das wirklich nicht weiß, dann kann man sich immer entscheiden, dass es einem gutgeht!«
»Tatsächlich?«, staunte Bonny.
»Ganz bestimmt«, nickte der Kleine Bär.
Am nächsten Tag kam der Kleine Bär wieder bei den Zebras vorbei. Dicke Staubwolken hingen über ihrem Gehege, denn sie machten dauernd Wettrennen. Als sich der Staub wieder legte, sah der Kleine Bär, dass Bonny mit Nathalie und Julian um die Wette gelaufen war, denn sie waren aller außer Puste. Später dann fragte der Kleine Bär Bonny, wie es ihr denn heute gehe.
»Super«, antwortete Bonny strahlend. »Ich war heute sogar eine Nasenlänge schneller als Julian!«
Der Kleine Bär grinste und nickte. Dann ging er wieder zurück zu seinen Elefanten.

Wie die Giraffe Hugo auf den Umzug wartete (CD)

- *Eltern-Information: Immer wieder erleben Kinder, dass Onkel, Tanten, Großeltern oder Eltern ihnen etwas sagen oder versprechen, was gar nicht so gemeint war. Da die Wünsche und Phantasien der Kinder so mächtig sind, können sie oft nicht spüren, wie das Gesagte einzuschätzen ist. Diese Geschichte soll Kindern helfen, das Gesprochene und das wirklich Gemeinte besser zu unterscheiden.*
- *Hauptrequisiten: vier Giraffen, der Kleine Bär, Tierpflegerin Lydia, rosafarbenes oder rotes Sportauto, fünf Figuren für Lydias Eltern, Großeltern und die Schwester, ein Haus bzw. eine Wohnung.*
- *Zusätzliche Requisiten: Nashörner, ein Schaf, ein Delphin.*

Im Zoo hatte es immer viele Giraffen gegeben. Nur einmal war es anders gewesen. Sechs Giraffen wurden an den Baseler Zoo abgegeben, und drei andere waren in nur einem Jahr an Altersschwäche gestorben. Doch eine Giraffe blieb übrig: Es war Hugo, eine noch jugendliche Giraffe; aber sie war schon fast so groß wie die erwachsenen. Wer nicht genau hinsah, konnte Hugo für eine große Giraffe halten.

Es war die Tierpflegerin Lydia, die sich nicht nur um die Flusspferde, die Nashörner und Zebras kümmerte, sondern sie schaute auch regelmäßig bei Hugo vorbei. Wenn Hugo sah, dass Lydia sich näherte, um ihm Futter zu bringen, fing er sogleich an zu stöhnen: »Mir ist es langweilig. Mir ist's ja so langweilig!«

»Ach, du Armer«, tröstete ihn Lydia dann und streichelte sein schönes Fell. »Ich weiß ja, dass du Gesellschaft brauchst. Aber wir müssen erst die neue Giraffen-Anlage fertig bauen, bevor wir neue Giraffen kaufen. Dann kannst du mit ihnen spielen.«

»Wie lange dauert das denn noch?«, stöhnte Hugo und schüttelte schlecht gelaunt seinen Kopf. »Mir ist so langweilig. Ich will meinen Spaß haben. Ich will mit jemandem spielen und reden – und zwar jetzt!«

Jeden Tag wiederholte sich dieses Gespräch auf ähnliche Weise. Einmal wollte Lydia einfach ihre Ruhe haben. Sie konnte sich Hugos Klagen nicht länger anhören und sagte ihm: »Nächste Woche nehm ich dich mit nach Hause. Da wohnen meine kleine Schwester Susanne, meine Großeltern und meine Eltern. Mit Susanne kannst du toll spielen, die tobt immer wild herum. Du wohnst dann einfach bei uns.«

»Juchhe!«, jubelte Hugo. »Endlich wird's mir nicht mehr langweilig sein!«

Hugo war jetzt stets gut gelaunt. Jedem, der am Zaun vorbeiging und ihn anschaute, sagte er: »Nächste Woche ziehe ich endlich um, ich ziehe weg von hier!«

Doch die Freude war nur kurz. Die neue Woche brach an, und es verging Tag um Tag, ohne dass Lydia etwas von einem Umzug sagte.

Als Lydia am Donnerstag kam, fragte Hugo: »Wann machen wir denn endlich meinen Umzug?«

»Umzug? Was für einen Umzug?«, fragte Lydia erstaunt.

Hugo wurde ungeduldig: »Du wolltest mich nach Hause mitnehmen zu deiner Schwester Susanne, damit ich mit ihr spielen kann.«

Lydia presste ihre Lippen zusammen. »Meine Schwester heißt ›Susanne‹, das stimmt schon. Wer hat dir denn das verraten?«

Hugo biss sich vor Wut auf die Zunge. Dann schimpfte er: »Du bist eine blöde Kuh, Lydia, ganz ehrlich, eine saumäßig, richtig blöde Kuh!«

Lydia kratzte sich verlegen an der Nase. »Ach ja, stimmt«, sagte sie trocken, denn jetzt erinnerte sie sich langsam, was sie Hugo alles erzählt hatte. »Ich werde es dir morgen erklären. Jetzt muss ich aber ganz schnell zu den Nashörnern, ich bin eh schon zu spät dran.«

Lydia verschwand, und Hugo wurde nun erst richtig wütend.

Ständig trat er kräftig mit seinen Füßen gegen das Gitter, dass es nur so schepperte. »Diese saumäßig blöde Kuh!«, brummte er dauernd vor sich hin.
Da kam zufällig der Kleine Bär vorbei. Er merkte sofort, dass mit Hugo etwas nicht stimmte. Hugo erzählte alles genau so, wie es gewesen war.
Der Kleine Bär schüttelte den Kopf: »So kann man als Pfleger hier im Zoo mit den Tieren nicht umgehen! Ich werde mit Lydia ein ernstes Wort reden. Wir müssen euch gegenüber fair sein. Niemand hat das Recht, in dir solch falsche Hoffnungen zu wecken.«
»Mit dieser blöden Kuh will ich nie mehr was zu tun haben!«, schimpfte Hugo.
Der Kleine Bär erklärte Hugo, dass Lydia ihn nie und nimmer hätte mitnehmen können. Lydias Großmutter war schwer krank, weswegen jeder dort im Haus sehr leise sein musste. Außerdem passt eine Giraffe mit ihrem großen Hals gar nicht in das Haus hinein! Was würden denn auch Lydias Eltern dazu sagen, wenn in die enge Wohnung noch eine Giraffe einzieht? Zum Abschied meinte der Kleine Bär noch: »Wahrscheinlich konnte sich Lydia dein Gejammer über die Langeweile nicht mehr anhören, und so hat sie dir einfach einen dummen Quatsch erzählt, damit sie mal für einige Tage einen fröhlichen Hugo erlebt, der nicht immer nur rummeckert. Manchmal erzählt man irgendeinen Blödsinn, nur um Ruhe zu haben. Vermutlich hat Lydia dir auch von Herzen gegönnt, dass du endlich mal mit jemandem spielen kannst.«
Hugo wunderte sich: »Du meinst, Lydia hat sich für mich so sehr Spielkameraden herbeigewünscht, dass sie einfach anfing, mir dummes Zeug zu erzählen? – Sie hat diese Lügen nur erzählt, damit es mir für ein paar Tage bessergeht?«
»Genau«, bestätigte der Kleine Bär.
»Was sind diese Menschen doch komisch!«, seufzte Hugo.
Der Kleine Bär machte sich jetzt auf zu Lydia und traf sie bei den Nashörnern. Lydia sah sofort ihren Fehler ein und stotterte

schuldbewusst: »Wa-wa-weißt du, Kleiner Bär, der Hugo hat mir so leidgetan. Da-dadurch, da-dass ich ihm Hoffnung gemacht habe, ging es ihm zumindest für eine Woche gut. Hugo war in diesen Tagen so gut drauf wie schon lange nicht mehr.«

»Darf man jemanden deswegen aber so anlügen, wie du das gemacht hast?«, fragte der Kleine Bär streng.

»Nein, nein«, antwortete Lydia und ließ ihren Kopf hängen.

Der Kleine Bär zog die Augenbrauen hoch: »Ihr habt euch beide ganz stark etwas gewünscht: Du hast dir gewünscht, dass Hugo endlich zu jammern aufhört, und hast ihn deswegen angelogen. Dabei war dir aber gar nicht klar, dass das eine Lüge war. Du hast es ja nur gut gemeint mit Hugo und wolltest ihn aufmuntern ...«

Lydia nickte nur: »Plötzlich habe ich mich selbst als trauriger Hugo gefühlt und mir vorgestellt, wie ich mit Susanne immer spiele – und dann habe ich überhaupt nicht gemerkt, dass ich ja gar nicht Hugo bin, sondern Lydia.«

»Und so wie du«, fuhr der Kleine Bär fort, »hat auch Hugo sich etwas ganz stark gewünscht: Er wollte mit jemandem spielen. Sein Wunsch war so groß! Da hat er gar nicht gemerkt, dass er in eine Menschenwohnung überhaupt nicht hineinpasst, obwohl das doch jede Giraffe weiß.«

»Ist ja klar«, bekräftigte Lydia.

»Und dann ...«, jetzt schaute der Kleine Bär ernst, »dann bist du auch noch so dumm und rennst von Hugo weg: ohne Entschuldigung und ohne ihm zu erklären, dass du einen schweren Fehler gemacht hast, auch wenn es ein Fehler aus Liebe zu Hugo war. Letztlich hast du ihm doch ziemlich geschadet. Dein Verhalten ist unter aller Kanone – ehrlich! So gehen wir hier im Zoo mit den Tieren nicht um!«

Verstohlen wischte sich Lydia eine Träne ab: »Ja, stimmt alles. Wir haben hier im Moment viel zu wenig Pfleger. Ich muss mich um die Zebras kümmern, um die Flusspferde, die Nashörner – und jetzt auch noch um Hugo ... Das ist zu viel für mich. Da hab ich Hugo eben angelogen, weil ich einfach nur meine Arbeit machen und meine Ruhe haben wollte.«

Der Kleine Bär ließ das nicht gelten: »Das ist alles kein Grund, jemanden so anzulügen! Stress haben wir hier alle mal, auch ich. Am besten, du gehst rasch zu Hugo, erklärst ihm alles und entschuldigst dich.«

Und genau so kam es. Abends ging auch der Kleine Bär noch mal bei Hugo vorbei. Er versprach ihm, dass es jetzt mit der neuen Giraffen-Anlage schneller vorangehen solle, damit der Zoo wieder neue Giraffen kaufen und er bald zu ihnen übersiedeln könne.

Für eine junge Giraffe dauern sechs Wochen sehr lange. Endlich ging für Hugo die langweiligste Zeit seines Lebens zu Ende. Er durfte in die neue Anlage umziehen. Dort waren gerade drei Giraffen hineingeführt worden, die der Zoo gekauft hatte. Es waren Eltern mit ihrer jugendlichen Tochter Cindy.

Cindy sah durch die Holzlatten des Geheges einen schicken rosafarbenen Sportwagen parken. Der tolle Flitzer gehörte der Frau des Zoodirektors. Cindy hatte sich sofort in dieses Auto verguckt. Ständig jammerte sie ihren Eltern vor, dass sie einmal eine Spritztour mit diesem Auto machen wollte.

Irgendwann waren die Eltern so genervt, dass der Vater sagte: »Am Wochenende darfst du mal in diesem Auto mitfahren. Und jetzt lass mich endlich in Frieden!«

»Ob das mal gutgeht? Oje, oje!«, dachte Hugo bei sich, denn er ahnte schon, wie es weiterging.

Es nahte das Wochenende, und Cindy wollte jetzt unbedingt mit dem Sportwagen fahren. Doch die Eltern schüttelten nur den Kopf: »Laufen bei dir Ameisenbären im Kopf rum, oder spinnst du jetzt völlig?«, meinte die Mama und ließ die Tochter links liegen.

Nun spürte Hugo, dass er etwas sagen musste. Er ging auf Cindy zu: »Mir hat schon mal eine Giraffe erzählt, dass sie auf einem Schaf einen Berg heruntergeritten ist, und anschließend ist sie auf einem Delphin im Meer geschwommen«, sagte er.

»Das ist ja völlig verrückt! Das merkt doch jeder Dumme, dass das nicht sein kann«, meinte Cindy.
»Das stimmt«, bestätigte Hugo, »aber sie hat es sich so sehr gewünscht, dass sie es schließlich selbst glaubte. Und wer ihr zuhörte, der musste es fast auch glauben. Dabei ist doch ganz klar, dass Giraffen so groß sind, dass sie sich auf ein Schaf gar nicht draufsetzen können und auch auf einen Delphin nicht.«
Cindy schüttelte sich heftig: »Jetzt wird es mir fast schwindlig im Kopf. Ich ahne schon, warum du mir diese komische Geschichte erzählst: Giraffen sind ja eigentlich viel zu groß, um sich in einen Sportwagen zu setzen – oder?«
»Genau«, antwortete Hugo. »Deine Eltern fühlten sich so sehr genervt von deiner Quengelei, dass sie dir einfach dummes Zeug erzählt haben, um endlich ihre Ruhe vor dir zu haben. Und du hast es nur deswegen nicht gemerkt, weil du dich in diesen schicken rosafarbenen Sportwagen verliebt hast. Wenn wir uns nämlich etwas ganz stark wünschen, dann merken wir gar nicht, wenn jemand uns eine Lüge erzählt. Wünsche und Hoffnungen sind eben stärker als der Alltag, der oft so langweilig ist.«
»Ja, das stimmt schon«, hauchte Cindy und schaute verträumt zum Himmel, an dem sich einige Wolken wie kleine Schäfchen türmten. »Dabei wäre es so schön, wenn wir Giraffen auf Schafen und Delphinen reiten könnten ...«
»Ach ja, das wäre sooo schön!«, meinte auch Hugo. »Zum Glück darf ja jeder träumen und sich alles herbeiwünschen, was er mag; nur soll er bitte schön niemandem damit schaden. Und wir sollen auch nicht alles glauben, was man uns erzählt!«
»Ganz genau«, antwortete Cindy, legte ihren schlanken Giraffenhals an Hugos rechte Seite und rieb sich zärtlich daran.

Soziales Verhalten

Tobi und die Piranhas (CD)

- *Eltern-Information: Lässt sich Ihr Kind von anderen Angst einjagen? Diese Geschichte macht dem eingeschüchterten Kind klar, dass der Aggressive nur aus Angst und Hilflosigkeit angriffslustig ist. Mit dieser Erkenntnis wird Ihr Kind wieder mutiger. Die Geschichte ist aber auch geeignet für aggressive Kinder. Ebenso werden religiöse Werte vermittelt.*
- *Hauptrequisiten: Plastik- oder Holzfische für Bully, Werner und die anderen, der Kleine Bär, Tierpfleger Tobi.*
- *Zusätzliche Requisiten: Aquarium (zum Beispiel große Glasschüssel), ein Hai oder ein anderer großer Raubfisch, der die anderen frisst, einige Leoparden (falls nicht vorhanden, Löwen oder Tiger).*

Piranhas gelten als gefährliche Fische. Unter sich sind sie aber bislang im Zoo gut miteinander ausgekommen. Doch in letzter Zeit musste Tobi, der Tierpfleger, schlimme Dinge beobachten: Einer von den jungen Piranhas hatte oft zerfetzte Flossen. Tobi nannte ihn »Werner«. Er liebte seine Fische so sehr, dass er tatsächlich mit ihnen reden konnte, und natürlich hatte jeder von Tobi einen Namen erhalten. Kaum jemand auf der ganzen Welt kann mit Fischen reden, aber für Tobi war das gar kein Problem. Einmal fragte ihn der Kleine Bär, wie er das denn mache, dass er mit den Fischen reden könne. Da sagte Tobi: »Ich schaue sie mit ganz viel Liebe an. Plötzlich höre ich in meinem Kopf, was sie mir zu sagen haben. Manchmal fragen sie mich zum Beispiel, ob sie nicht wieder mal ein anderes Futter haben könnten.«

Das mit Werner hörte leider nicht auf. Also fragte Tobi ihn, wieso er immer wieder so zerfetzt aussah. Tobi ahnte die Antwort schon. Er hatte nämlich beobachtet, dass Bully, ein anderer junger Piranha, sich immer wieder mit seinen scharfen Zähnen an Werner heranmachte.

Werner erzählte: »Der Bully mag mich wohl nicht. Wenn ich ihn um die Ecke kommen sehe, zittere ich schon am ganzen Leib vor Angst ...«

»Aber, Werner«, warf Tobi da ein. »Bully ist doch derjenige, der Angst hat! Weißt du denn nicht, dass die, die immer beißen und böse sind, nur voller Angst sind? Je wilder jemand ist, desto mehr Angst hat er!«

Werner hustete. Ja, auch Fische husten manchmal! Werner hatte einen Krümel von Tobis leckerem Futter wieder ausgespuckt, weil er sich verschluckt hatte. Dann sagte er kopfschüttelnd: »Das glaub ich nicht. Das musst du mir beweisen!«

»Okay! Das machen wir ganz schnell«, meinte Tobi und winkte Bully herbei.

»Hallo, Bully, erzähl uns doch mal, warum du Werner dauernd beißt.«

Bully schwenkte seine Schwanzflosse: »In meiner Familie ist mal was Schreckliches passiert. Mein Ururgroßvater, seine Frau und viele von ihren Kindern sind einmal von einem Hai oder Raubfisch aufgefressen worden. Seitdem haben alle aus der Familie große Angst, dass wir ebenfalls aufgefressen werden. Und wenn ich nah an andere Fische komme, dann beiß ich sofort, damit ich nicht selbst gebissen werde. Ich habe nämlich furchtbare Angst, dass mir dasselbe passiert wie meinem Ururgroßvater. So muss ich also dauernd beißen und böse sein, um mich zu schützen.«

»Du armer Kerl, du tust mir so leid«, sagte Werner und schwamm direkt neben Bully. »Ich tu dir garantiert nichts! Großes Piranha-Ehrenwort! Ich bin ganz friedlich. Eigentlich dachte ich, du magst mich nicht.«

»Mir ist alles egal«, entgegnete Bully. »Ich will nur keine Angst mehr haben, sonst schlage ich nur um mich.«
Tobi grinste: »Das haben wir gleich.« Er rief alle jungen Piranhas herbei. Dabei zeigte sich, dass Werner nicht der Einzige war, der beschädigte Flossen hatte. Bully hatte die anderen wohl auch schon angeknabbert ...
Natürlich waren alle schlecht auf Bully zu sprechen. Und nun forderte Tobi Bully auf, seine Familiengeschichte zu erzählen. Bully erzählte also, auch wenn es ihm schwerfiel. Anschließend kamen dann alle auf ihn zu. Sie streichelten ihn mit ihren Flossen und sagten: »Wir fühlen mit dir und schauen in Liebe auf alle deine aufgefressenen Verwandten.«
Das berührte Bully sehr tief: »Dann brauche ich gar keine Angst mehr vor euch zu haben. Ihr tut mir nichts ...? Dann kann ich beruhigt aufhören, euch zu beißen.«
Alle Fische nickten erleichtert, und auch Tobi bewegte seinen Kopf, ohne dass er es merkte.
In diesem Moment ging plötzlich die Tür zur Aquarienhalle auf. Der Kleine Bär kam auf Tobi zu. Tobi war aber so versunken in das Gespräch mit seinen Fischen, dass er es gar nicht bemerkte.
»So gemütlich wie du möchte ich es auch mal haben«, seufzte der Kleine Bär. »Einfach die Fische anschauen und dösen.«
Tobi drehte sich um und runzelte die Stirn: »Nix faulenzen und dösen! Ich bin hart am Arbeiten mit meinen Fischen!«
»Ehrlich?«, fragte der Kleine Bär verwundert. Ausführlich ließ er sich erzählen, was alles passiert war.
Nachdem Tobi fertig war, klatschte der Kleine Bär Beifall: »Du bist einsame Spitze, Tobi. Hier bei den Fischen bist du durch niemanden zu ersetzen. Hast du vielleicht einen Tipp für die Leoparden? Da gibt es nämlich ein ganz ähnliches Problem!«
»Es gibt da noch einen Zaubertrick«, grinste Tobi. »Wenn dich jemand angreift, musst du ihm in Gedanken sagen: ›Meine Seele grüßt deine Seele.‹ Dann wird er so unruhig, dass er mit seinem Bösesein aufhört.«

Der Kleine Bär schüttelte den Kopf: »Wieso sollte das klappen?«
»Ganz einfach«, antwortete Tobi, »weil er dann von Seele zu Seele mit dir umgehen muss und nicht von Dummkopf zu Dummkopf. Denn die Seele kommt ja von Gott. Gott ist aber auf Gott nie böse ...«
Der Kleine Bär kam aus dem Staunen nicht mehr heraus: »Ich verstehe gar nichts mehr. Du bist so unendlich klug, dass ich gar nicht mehr mitkomme. Aber ich werde es ausprobieren bei den Leoparden!«
Beim nächsten Treffen der beiden in der Zoo-Cafeteria fragte Tobi, ob es geklappt habe mit dem Zaubertrick.
»Ja«, strahlte der Kleine Bär, »der dauernd wütende Leopard wusste gar nicht mehr, was er machen sollte. Als der kleinere Leopard in Gedanken diesen Zauberspruch aufsagte, konnte der andere nur noch in die Luft schauen und überhaupt nichts mehr machen! Er kann jetzt nicht mehr böse sein. Und wenn es in Zukunft noch mal passiert, dann muss der kleine Leopard den Zauberspruch nur wiederholen.«
»Toll!«, klatschte Tobi in die Hände. »Wie gut, dass dieser Zaubertrick sowohl mit Menschen als auch mit Tieren funktioniert.«

Lisa ist verliebt

- *Eltern-Information: für Kinder, insbesondere schüchterne Mädchen, die ihre Gefühle nicht zeigen können. Dabei geht es nicht darum, Liebes-, sondern überhaupt Gefühle zu äußern. Jüngeren Kindern sollte man den Ausdruck »dichthalten können« erklären.*
- *Hauptrequisiten: Fips, der Affe, Lisa, der Kleine Bär, Tierpfleger Rolf, die Sekretärin des Zoodirektors Josina, Sven und Katharina.*
- *Zusätzliche Requisiten: Raubvögel, Eulen, Kassenhäuschen, Seelöwen im Bassin, Meer, Eisbären, vier Fahrräder, Picknickkorb, ein See oder Teich.*

Ja, Lisa war verliebt. Fips, der Affe, war der Erste, dem die Kassiererin des Zoos ihre Gefühle gestand. Fips hatte nämlich beobachtet, dass Lisa heimlich weinte. Da konnte sie nicht anders, als ihm von Rolf zu erzählen. Rolf, der Tierpfleger der Raubvögel und Eulen, wusste aber noch gar nicht, dass er der Auserwählte war.

Fips hatte von Lisa die strenge Anweisung erhalten, mit niemandem über das Ganze zu reden. Auf Fips konnte man sich verlassen. Er sagte weder Anne, der Elefantendame, etwas noch dem Kleinen Bären. Aber eines Tages sah der Kleine Bär Lisa an der Kasse, wie sie zusammengesunken auf ihrem Stuhl saß. Er schaute ihr tief in die Augen und fragte: »Mensch, Lisa, du siehst sooo traurig aus, was ist denn los mit dir?«

»Ach, gar nichts«, meinte Lisa, aber das klang überhaupt nicht überzeugend.

»Glaub ich nicht«, antwortete der Kleine Bär. »Du willst mich wohl veräppeln? Ich sehe doch, dass dich was bedrückt.«

»Ach nein, es ist gar nichts, alles ist in bester Ordnung!«, gab Lisa trotzig zur Antwort.

Der Kleine Bär legte sanft seine Hand auf Lisas Schulter und sagte: »Ich bin immer für dich da. Du kannst jederzeit zu mir kommen und mit mir über deine Probleme reden.«
»Das weiß ich doch, Kleiner Bär«, seufzte Lisa. »Aber jetzt muss ich kurz auf die Toilette gehen.«
Lisa ging zur Toilette, und der Kleine Bär setzte seinen Weg zu den Elefanten fort. »Mein Gott, ist Lisa verschlossen«, dachte der Kleine Bär bei sich. »Die sagt ja gar nichts, statt dass sie über ihre Probleme spricht.«
Einige Tage später traf der Kleine Bär Lisa bei den Seelöwen. Es war schon spät, und beide hatten jetzt Feierabend. Lisa sah den Seelöwen beim Spielen zu. So lustig sie auch im Wasser planschten, Lisas Augen schauten traurig aus.
»Mein Gott, du siehst ja heute noch trauriger aus als letztens«, sagte der Kleine Bär.
»Stimmt gar nicht, ich bin supertoll drauf«, protestierte Lisa und wurde von einem Husten gequält.
»Ha, ha, ha!«, machte der Kleine Bär, als wollte er lachen. »Ich weiß, warum du jetzt hustest, das ist nämlich gar keine Erkältung bei dir.«
»Ich bin erkältet, aber mir geht's supergut«, blieb Lisa weiter trotzig. »Aber sag mir doch, was mein Husten deiner Meinung nach bedeutet.«
»Wenn jemand so lügt, dass sich die Balken biegen, dann kratzt er sich oft verlegen an der Wange. Oder er hustet oder macht sonst was Komisches.«
Jetzt wurde Lisa ganz blass. Sie schaute den Kleinen Bären an und weinte herzzerreißend.
Der Kleine Bär legte zärtlich seine Hand auf Lisas Rücken und sagte: »Ja, ja, Lisa, dir geht es so gut, dass du vor lauter Freude viele Tränen weinst ...«
»Ich fühle mich schrecklich«, sprudelte es jetzt aus Lisa heraus. »Können wir irgendwann ungestört reden?«
»Warum irgendwann? Du hast schon Arbeitsschluss und ich auch.

Also können wir hier miteinander reden. Ich verrate auch niemandem, was du mir sagst. Du weißt doch, dass ich dichthalten kann wie unsere Aquarien, oder?«
Lisa nickte erleichtert.
»Mir ist aufgefallen, Lisa, dass du in letzter Zeit gar nicht mehr mittags in die Zoo-Cafeteria kommst. Dabei freue ich mich doch immer, wenn ich mich zum Essen neben dich setzen kann.«
Lisa weinte schon wieder: »Es ist zu gefährlich für mich, in die Cafeteria zu gehen!«
»Gefährlich? [Sprechpause.] Die Zoo-Cafeteria? [Sprechpause.] Ist sie vom Einsturz bedroht – oder was meinst du?«, fragte der Kleine Bär.
Lisa schüttelte den Kopf, und tatsächlich lachte sie ein wenig.
»Na, endlich habe ich dich wenigstens mal zum Lachen gebracht«, freute sich der Kleine Bär. »Also, die Cafeteria ist nicht einsturzbedroht, aber warum in Gottes Namen ist es dort gefährlich? Gibt es da jetzt freilaufende Löwen und Tiger?«
»Er ... ist ... da!« [Kleine Sprechpausen zwischen den Wörtern.]
»Er? Wer ist er?«, fragte der Kleine Bär.
»Rolf«, hauchte Lisa mit letzter Kraft und stützte sich schwer auf das Geländer vor den Seelöwen.
»Na wunderbar!«, erwiderte der Kleine Bär. Er hatte verstanden.
»Wunderbar? Wieso wunderbar?«
»Gibt es was Schöneres, als sich zu verlieben?«
»Nein«, klagte Lisa. »Es ist schrecklich, Kleiner Bär, denn er liebt eine andere ...«, kam es wütend aus ihrem Mund.
»Na und?«, widersprach der Kleine Bär. »Bei der Liebe ist es völlig egal, ob man zurückgeliebt wird oder nicht. Es ist wichtig, dass du deine Gefühle nicht abschneidest. Steh zu deinen Gefühlen! Lieben ist schön um der Liebe willen!«
»Gefühle zeigen? Ich?«, sagte Lisa mühsam und fasste sich an die Stirn.
»Natürlich du! Beim Lieben kommt es darauf an, dass man ehrlich

zu sich und anderen ist. Und wenn du liebst, liebst du. Da ist es völlig egal, ob du zurückgeliebt wirst oder nicht.«

»Nein, ich mache mich völlig lächerlich, wenn ich meine Gefühle offen zeige.«

Der Kleine Bär schüttelte den Kopf und sagte: »Derjenige, der Gefühle offen zeigen kann, ist immer der Größere und Stärkere. Da ist es ganz egal, wie irgendjemand anders sich dir gegenüber dann verhält. Selbst wenn dich jemand auslacht, bist du der Sieger. Wer offen ist, der ist auf dem Gebiet der Gefühle der Gewinner. Außerdem hast du nur auf diese Weise Chancen, dass deine Liebe auch erwidert wird.«

Lisa schwieg eine Weile.

Dann sagte sie: »Aber Josina, die Sekretärin des Zoodirektors – sie hat mir erzählt, dass sie in Rolf verliebt ist.«

»Das ist toll, dass sie dir das einfach so sagt. Du hast ihr natürlich nicht gesagt, dass du ihn auch liebst?«

»Natürlich nicht!«, bestätigte Lisa.

»Weißt du, ich glaube nicht, dass zwischen Josina und Rolf etwas läuft ... Außerdem ist das völlig egal. Du musst Rolf unbedingt durch dein Verhalten zeigen, dass du ihn magst und dass er ein ganz toller Hecht ist. Wie soll er denn sonst erfahren, dass du ihn gern hast? Wie soll er denn jemals auf dich zugehen?«

Lisa nahm sich ein Papiertaschentuch und schneuzte sich umständlich die Nase. »Meine Mama sagt, Mädchen tun so was nicht. Die gehen nicht auf Jungs zu und zeigen ihnen, dass sie sie mögen. So was machen nur Flittchen, sagt meine Mutter.«

»Flittchen? Komisches Wort. Kenne ich nicht«, grunzte der Kleine Bär. »Auf jeden Fall haben unsere Mütter und Väter die Klugheit nicht mit Löffeln gefressen!«

»Du meinst, unsere Eltern können auch mal falschliegen?«, fragte Lisa.

»Ich denke, schon«, lächelte der Kleine Bär. »Es ist wichtig, dass du selbst spürst, was richtig und falsch ist. Wir können uns nicht alles von unseren Eltern vorkauen lassen.«

Lisa drehte den Kopf weg von den Seelöwen und blickte dem Kleinen Bären direkt in die Augen: »Josina hat Rolf letztens extrem freundlich gegrüßt, und was noch schlimmer ist: er sie auch!« Lisa ließ ihren Kopf in die Hände fallen und schluchzte.
»Ich glaube nicht, dass du das richtig gesehen hast. Denn wer verliebt ist, sieht meist alles falsch und verdreht. Und zum anderen: Selbst wenn es so ist, du musst trotzdem deine Gefühle für Rolf offen zeigen. Ist doch toll, wenn er ein bisschen auswählen kann – oder? Du freust dich doch auch, wenn du im Eiscafé nicht immer nur dieselbe Sorte Eis wählen kannst, sondern dich statt für Erdbeereis auch für Zitroneneis entscheiden kannst – oder?«
»Es geht hier nicht um Eissorten, Kleiner Bär, sondern um Josina, Rolf und mich. Das ist was ganz anderes.« Lisas Stimme war wieder schwächer geworden.
Der Kleine Bär gab nicht auf: »Mensch, Lisa, überleg doch mal. Wie willst du denn in deinem Leben einen tollen Mann kennenlernen, wenn du nie deine Gefühle zeigst?«
»Ja, du hast recht, Kleiner Bär, aber ich kann nicht, ich kann nicht, ich kann nicht.«
»Das war schon ganz gut, Lisa, aber das Wort ›nicht‹ musst du jetzt einfach mal weglassen!« Der Kleine Bär grinste schelmisch, er bewegte seine Lippen wie ein Schauspieler beim Sprechunterricht und sagte laut: »Ich kann, ich kann, ich kann ...«
Lisa lachte, denn der Sprechunterricht des Kleinen Bären war zu komisch.
Der Kleine Bär schnitt lustige Gesichter wie ein Clown: »Lisa lacht. [Lang gezogen und genüsslich aussprechen:] *Wunderbar!* Humor und auch Humor über sich selbst ist der erste wichtige Schritt. Den hast du jetzt schon geschafft. Nun musst du nur noch sagen: ›Ich kann, ich kann, ich kann ...‹«
Lisa wurde wieder traurig: »Ich kann nicht, ich kann nicht, ich kann nicht.«
»Falsch, falsch, ganz falsch!«, schimpfte der Kleine Bär. »Das eine Wort ist zu viel, ansonsten ist es schon ganz gut.«

»Ich bin ein hoffnungsloser Fall«, schluchzte Lisa.
»Bist du nicht! Du bist schüchtern und verliebt. Das ist alles«, entgegnete der Kleine Bär trocken. »Doch jetzt muss ich leider nach Hause gehen, ich bin nämlich mit meinen Kumpels zum Fußballspielen verabredet. Aber zum Sprachunterricht kannst du jederzeit wieder zu mir kommen. Du weißt ja: Der Kleine Bär gibt die Hoffnung nie auf, weder mit Tieren noch mit Menschen – und mit so einem wunderbaren weiblichen Wesen wie mit dir erst recht nicht.«
Lisa stürzte sich dem Kleinen Bären in die Arme und drückte ihn ganz fest.
»Klasse!«, freute sich der Kleine Bär. »Ja, so musst du rangehen an die Leute. Prima! Immer auf andere Menschen zugehen. Sich nicht im Kellerloch verstecken! [Sprechpause.] Und jetzt gehst du zu Rolf und zeigst ihm irgendwie, was für ein toller Hecht er ist.«
»Du Dummkopf, Kleiner Bär, du hast gar nichts begriffen, aber ich mag dich trotzdem!«
»Gut so, Lisa, ja, du schaffst es«, sprach der Kleine Bär weiter und winkte Lisa zu, während er sich schon auf den Weg nach Hause machte.
Zwei Tage später musste der Kleine Bär ganz plötzlich ins Nordpolarmeer, um einige Eisbären zu retten. Die Bären fanden wegen überall schmelzender Eisschollen keinen Boden unter den Füßen mehr. Einige von den Tieren sollte er auch mit in den Zoo bringen, denn das Leben der Eisbären war in Gefahr. Als er nach drei Wochen zurück zur Arbeit kam, traf er nach Feierabend zufällig Lisa bei den Raubvögeln. Sie ging Arm in Arm mit einem netten jungen Mann.
Lisa gab dem Kleinen Bären zur Begrüßung einen Kuss auf die Wange und stellte ihm Sven vor. Sven war der neue junge Bademeister vom Hallenbad nebenan.
Der Kleine Bär freute sich riesig für Lisa. Und am nächsten Tag erfuhr er, was sonst noch alles in seiner Abwesenheit passiert

war: Lisa hatte sich ein Herz gefasst und Rolf ganz klar gezeigt, dass sie ihn gern hatte. Rolf hatte ihr gestanden, dass er sie auch sehr mochte, so wie er auch Josina nett fand! Aber er hatte schon eine Freundin, was allerdings noch niemand im ganzen Zoo wusste. Und tatsächlich haben diese vier sogar letztens einen Fahrradausflug gemacht: Lisa, Sven, Rolf und seine Freundin Katharina radelten zum Bärstädter See. Dort machten sie ein Picknick und schwammen dann um die Wette. Doch es war gar kein richtiges Wettschwimmen. Eigentlich ging es den vieren nur darum, ganz viel Spaß zu haben.

Der beste Freund

- *Eltern-Information: Nach welchen Maßstäben sucht sich ein Kind Freunde? Was gilt den Kindern als Vorbild? Wie werden Kraft und die soziale Einstellung vom Kind bewertet? Da diese Geschichte zu den längsten des Buches zählt, ist es für den Vorlesenden besonders wichtig, zu prüfen, ob die Kinder bis zum Schluss konzentriert zuhören. Eine kleine Pause mit ein paar Zwischenfragen an die Kinder wirkt hier gut! Auch das Mitspielen der Kinder mit Playmobil- und Plastiktierfiguren ist gerade bei dieser Geschichte wichtig ...*
- *Hauptrequisiten: viele Gorillas für Fritz, Rinaldo, Pablo und die anderen, Tierpfleger Christian, Kokosnüsse.*
- *Zusätzliche Requisiten: Krankenwagen, ein Zahn, Bananen, Wundsalbe.*

Unter den Gorillas im Zoo gab es einen, der war besonders groß und stark: Er hieß Fritz. Stolz zeigte er allen seine dicken Muskeln. Wenn Fritz etwas nicht passte, verprügelte er einfach die anderen. Selbst der Tierpfleger Christian musste vor Fritz auf der Hut sein. Schon einmal hatte Fritz ihm einen Zahn ausgeschlagen.

Alle Gorillajungs wollten mit Fritz befreundet sein, denn sie hatten Angst vor seinen starken Muskeln. Niemand wollte von ihm verprügelt werden, und so bettelten alle um seine Freundschaft. Einem der Gorillas gelang es, sich mit Fritz zu befreunden: Rinaldo. Nun brauchte Rinaldo sich keine Sorgen mehr zu machen, ob er verprügelt würde. Er war ja mit Fritz befreundet ... Vorher allerdings war Pablo Rinaldos Freund. Jetzt war Pablo natürlich sauer auf Rinaldo, denn dieser hatte anscheinend nur noch einen Blick für dicke Muskeln.

Einmal trafen sich Rinaldo und Pablo, als gerade frische Bananen verteilt wurden.

»Ich weiß, warum du nicht mehr mein Freund sein willst«, sagte Pablo enttäuscht. »Ich bin nicht so groß und stark wie Fritz. Außerdem finde ich es saublöd, alle zu verprügeln. Sogar unser Tierpfleger, der Christian, hat einen Zahn wegen ihm verloren.«
»Mir doch egal«, zuckte Rinaldo mit den Schultern. »Du bist ja nur eifersüchtig, dass ich mit Fritz befreundet bin und du nicht!«
»So eine Lüge!«, regte sich Pablo auf. »Mit so einem dummen, gemeinen Gorilla wie Fritz möchte ich nie befreundet sein. Ich befreunde mich nur mit netten und klugen Gorillas, nicht mit solchen Kerlen. Dich hatte ich leider zu hoch eingeschätzt. Ich hätte dir nie zugetraut, dass du so jemanden zum Freund wählst. Fritz ist doch unter aller Kanone: Er denkt nur an sich und seinen Vorteil. Fritz weiß überhaupt nicht, was richtige Freundschaft ist.«
Eine Stunde später kam Fritz zu Pablo gelaufen und verprügelte ihn so stark, dass ihm das rechte Auge blutete. Der Pfleger Christian sah bei der nächsten Fütterung, dass Pablo schlimm verletzt war. Christian fragte die Gorillas, was passiert sei. Doch alle schwiegen. Niemand sagte die Wahrheit, da alle Angst vor Fritz hatten. Da fragte Christian Pablo ganz direkt: »Wer hat dich so schlimm zugerichtet?« Doch Pablo schwieg. Christian verband Pablos Auge, nachdem er ihm etwas Wundsalbe daraufgestrichen hatte.
Später ging Pablo zu Rinaldo und sagte ihm: »Eigentlich bist du ein Schwein. Du bist zu Fritz gegangen und hast ihm erzählt, dass ich ihn für ein Muskelmonster halte. Du wusstest genau, dass er mich verprügeln würde. Und trotzdem hast du mich verpetzt. Was bist du doch für ein schlechter Kerl!«
Dann spuckte Pablo verächtlich vor Rinaldo auf den Boden: »Du bist wie ein Blatt im Wind und guckst nur auf deinen Vorteil. So was von widerlich ...«, brummelte Pablo vor sich hin, während er vorsichtig nach seinem schmerzenden Auge langte.
»Du bist ja nur eifersüchtig auf meine Freundschaft mit Fritz«, widersprach Rinaldo.

Am nächsten Tag warf Christian viele Kokosnüsse ins Gehege der Gorillas. Fritz und Rinaldo sammelten alle Nüsse auf. Sie sagten, niemand dürfe davon nehmen. Nur die, die mit Fritz befreundet sein wollten, sollten welche bekommen.
»Ich will mit Fritz befreundet sein«, rief jeder der Gorillas.
Jeder? Nein, einer schwieg: Pablo saß in einer Ecke und schaute gelangweilt dem Treiben zu.
»Was ist mit dir, Pablo?«, fragte Fritz gehässig. »Willst du keine Kokosnuss von mir?«
Pablo schüttelte den Kopf: »Natürlich will ich eine Kokosnuss, aber nicht auf eine so bescheuerte Art und Weise. Das ist erniedrigend, nur wegen einer Kokosnuss zu sagen [Folgendes mit parodistisch hoher Stimme sprechen]: ›Ich will Fritz sein Freund sein.‹ Lieber verzichte ich, als vor dir zu schleimen und zu kriechen!«
Fritz gab jedem Gorilla großzügig eine Kokosnuss. Nur Pablo erhielt keine.
Fritz trommelte sich auf den Bauch und blickte grimmig auf Pablo: »Siehst du, alle sind mit mir befreundet. Nur du kleine schleimige Kröte willst nicht mir befreundet sein!«
»Ha, ha, ha!«, lachte Pablo gequält. »Mein Gott, wie dumm du doch bist, Fritz, niemand will wirklich mit dir befreundet sein. Die wollten alle nur eine Kokosnuss. Alle haben Angst vor dir. Niemand will von dir verprügelt werden. Aber richtige Freundschaft ist was ganz anderes. Freundschaft hat doch mit Liebe und Achtung zu tun und nicht mit Hunger nach Kokosnüssen – und schon gar nicht mit der Angst, von Fritz verprügelt zu werden.«
Fritz riss sein Maul auf, und seine scharfen Zähne blitzten im Licht. Dann bekam er einen so fürchterlichen Wutanfall, dass er Pablo ein zweites Mal verprügelte. Diesmal blutete auch noch das andere Auge.
Erneut kam Christian, der Pfleger, und wieder sagte ihm niemand, was wirklich passiert war. Nun hatte Pablo zwei Augen verbunden und konnte kaum noch etwas sehen. Halb blind stolperte er durchs Gehege.

Alle Gorillas machten sich über Pablo lustig und lachten ihn aus: »Du siehst aber witzig aus mit deinen verbundenen Augen. Willst du jetzt ›Blindekuh‹ mit uns spielen? Ha, ha, der Pablo ist so klug, der braucht gar keine Augen mehr, der hat auch so immer den Durchblick.«
Nur einer lachte nicht über Pablo: Es war Rinaldo. Im Schutz der Dämmerung kroch er zu Pablo hin und flüsterte ihm zu: »Es tut mir leid. Ich möchte mich bei dir entschuldigen. Nur wegen mir bist du zweimal von Fritz verprügelt worden, und jetzt lachen dich alle aus. Das ist schlimm. Die sollten sich alle schämen!«
»Mir scheint«, sagte Pablo, »du hast dir wenigstens ein kleinen Funken von Aufrichtigkeit bewahrt. Aber solange du mit einem so rücksichtslosen Gorilla wie Fritz befreundet bist, kann aus dir nichts werden. Du machst dich selbst nur unglücklich.«
»Das glaube ich nicht«, entgegnete Rinaldo. »Es gibt doch nichts Schöneres, als mit einem so starken und klugen Gorilla wie Fritz befreundet zu sein.«
»Klug? – Das glaubst du doch selbst nicht«, hustete Pablo. »Fritz ist so strohdumm, wie ich lange keinen Gorilla mehr gesehen habe. Außerdem denkt er nur an sich. Er weiß gar nicht, was Freundschaft ist. Er kennt nur Muskeln und Prügeln, alles andere ist ihm fremd. Fritz ist so dumm, dass er noch nicht einmal einen Esel von einem Pferd unterscheiden kann.«
»Sag mal«, fragte Rinaldo und blickte sich ängstlich nach den anderen Gorillas um, »hast du denn keine Angst, dass ich dich noch einmal bei Fritz verpetze?«
»Nein, hab ich nicht«, erwiderte Pablo, »im Gegensatz zu dir und Fritz stehe ich immer zu meiner Meinung. Mein Vater hat mir beigebracht, dass man stets aufrecht durchs Leben gehen muss, nicht als Schleimer. Ihr buckelt alle vor Fritz, ihr seid nichts als Schleimer. Und wenn du mich jetzt wieder bei Fritz anschwärzt, dann ist mir das auch egal. Ich sehe sowieso nichts mehr.«
Diesmal verpetzte Rinaldo seinen früheren Freund Pablo nicht. Doch im Stillen murmelte er vor sich hin: »Mein Gott, was für ein

mutiger, prächtiger Gorilla doch dieser Pablo ist. Er hat vor nichts Angst, nicht mal vor Fritz. Er ist so mutig, und die Freiheit geht ihm über alles ...«

Rinaldo und Fritz blieben auch weiterhin befreundet, denn Rinaldo wollte wenigstens der zweitmächtigste Gorilla sein. Aber drei Monate später wurde Fritz von einem auf den anderen Tag schwer krank. Er hatte eine schlimme Herzkrankheit, die unheilbar war. Wie ein alter Mann humpelte er ans Gitter, wenn Christian den Affen das Futter brachte. Jetzt war Fritz plötzlich nicht mehr der Stärkste, sondern der Schwächste von allen.

Am nächsten Tag wurden wieder ganz viele Kokosnüsse ins Gehege geschmissen. Ein Gorilla sagte: »Der Fritz kriegt keine einzige Kokosnuss, der ist eklig, der hat uns alle verprügelt, uns immer Angst gemacht. Jetzt soll Pablo die Nüsse unter uns aufteilen, denn er ist besonders klug, und er ist immer aufrichtig. Er schaut nämlich nicht nur auf seinen Vorteil so wie der Fritz.«

Rinaldo kam zu Pablo und sagte: »Jetzt kannst du Fritz so richtig verprügeln. Er ist nämlich ganz schwach. Er kann sich überhaupt nicht wehren. Du kannst dich jetzt richtig rächen für alles, was er dir angetan hat.«

Pablo spuckte vor Rinaldo auf den Boden: »Was für ein verdammter Schleimer du doch bist. Kaum ist Fritz krank, kommst du zu mir und biederst dich bei mir an. Und du glaubst wohl auch, ich bin so ein Schwein, dass ich einen völlig geschwächten und kranken Gorilla wie Fritz verprügele. So was Gemeines tu ich nicht.«

»Aber er ist doch übel mit dir umgegangen?«, wandte Rinaldo ein.

»Mit dir rede ich ab sofort kein Wort mehr. Dein Gehirn ist so klein, dass man es mit der Lupe suchen muss ...«

Völlig ruhig und freundlich verteilte Pablo alle Kokosnüsse unter den Affen. Auch Rinaldo erhielt eine. Fritz bekam von Pablo sogar mehr als die anderen. Da staunten alle Gorillas: »Wieso rächst du dich nicht an ihm? Wieso gibst du ihm auch noch mehr Kokosnüsse als uns? Bist du jetzt plötzlich doch mit Fritz befreundet?«

»Ihr hirnlosen Affen!«, brüllte Pablo sie alle an. »Habt ihr denn keine Augen im Kopf? Schaut euch doch den armen Fritz an, ihm klappern die Zähne. Vielleicht stirbt er schon in ein paar Tagen. Habt ihr denn gar kein Mitgefühl mit einem Schwerkranken? Der arme Fritz ist für sein brutales, rücksichtsloses Verhalten schon genug bestraft.«

Da murmelten die Affen untereinander: »Wir haben den Pablo unterschätzt. Er ist nicht nur sehr klug, sondern er hat auch ein riesiges Herz für andere, sogar für seine Feinde.«

Fritz sollte in einen anderen Zoo gebracht werden, wo er noch besser medizinisch betreut werden konnte. Doch vorher verabschiedete sich Fritz von allen. Er hob die Hände und sagte: »Ich will mich bei euch allen entschuldigen. Ich habe mich benommen wie das größte Schwein aller Zeiten. Besonders Pablo hätte Grund genug, mich jetzt gehörig zu verprügeln, denn ich hätte es wirklich verdient. Aber im Gegensatz zu uns allen hat Pablo einen geraden Rücken und nicht den Buckel eines Kriechers und Schleimers. Mit solch einem Gorilla befreundet zu sein ist eine Ehre! Und du ...« Jetzt wandte sich Fritz an Rinaldo. »... du hast einen großen Fehler gemacht, als du nur wegen meiner dicken Muskeln und meiner Macht deine Freundschaft zu Pablo beendet hast. Im Vergleich zu ihm bin ich nichts wert.«

Da waren alle Affen tief bewegt, und einige weinten sogar. Pablo kam auf Fritz zu. Sie umarmten sich lange.

»Ich bete für dich, dass du wieder gesund wirst und wieder zu uns zurückkommen kannst«, gab Pablo dem schwerkranken Fritz mit auf den Weg. Alle wünschten Fritz gute Besserung.

Fritz schwebte lange zwischen Leben und Tod, so krank war er. Doch nach sechs Monaten ging es wieder aufwärts mit ihm, und so konnte er endlich zurück in seinen Heimatzoo. Tatsächlich wurde Fritz wieder genauso kräftig, wie er es früher gewesen war. Doch nie mehr verprügelte er andere Affen. Er war völlig verändert in seinem Verhalten. Immer wenn es Streit unter den Gorillas gab, sagte Fritz: »Ihr müsst jetzt den Pablo rufen. Wenn einer das

lösen kann, dann ist es Pablo, nicht ich. Er ist einfach klüger als wir!« Ansonsten wurde Fritz zu einem sehr stillen, zurückhaltenden Gorilla.
Immer wieder hat dann Rinaldo versucht, sich neu mit Pablo zu befreunden. Und natürlich wollte jeder Gorilla befreundet sein mit Pablo. Doch Pablo befreundete sich nur mit dreien: mit Mike, Jonas und Noah. Zu Rinaldo sagte er: »Du bist ein Schleimer. Du änderst deine Meinung gerade so, wie du sie brauchst. So jemanden wie dich will ich nie mehr zum Freund haben. Gib's endlich auf!«
Rinaldo konnte machen, was er wollte, doch Pablo befreundete sich nie mehr mit ihm. Feinde hatte Rinaldo zwar keine, doch einen richtig guten Freund fand er in dieser Gorillagruppe nicht. Tierpfleger Christian war jetzt richtig stolz auf seine Gorillas. Denn sie hielten nun zusammen und gingen viel fairer miteinander um als früher. Als Rinaldo Christian bat, er möge ihn zu einer neuen Gorillagruppe in einen anderen Zoo bringen, fragte er sofort den Zoodirektor. Tatsächlich kam Rinaldo in den Stuttgarter Zoo. Dort dauerte es eine Weile, bis der fremde Gorilla von allen angenommen wurde. Doch dann wurde Rinaldo beliebt. Die Erlebnisse mit Pablo und Fritz hatte Rinaldo für den Rest seines Lebens nicht vergessen. Nie wieder befreundete er sich mit einem anderen Gorilla nur wegen dessen dicken Muskeln.

»Schnell wie eine Schnecke«

- *Eltern-Information: bei häufigem Zuspätkommen eines Kindes, Verständnis für Ausgeschlossene; jeden Menschen so nehmen, wie er ist. Die Geschichte ist auch für Heimkinder, adoptierte, Pflege- und stark traumatisierte Kinder geeignet.*
- *Hauptrequisiten: der Kleine Bär, Tierpfleger Tobi, viele Figuren für Zoomitarbeiter, der Zoodirektor, Fische, ein mit Maschineschrift beschriebenes Blatt Papier für Tobis Kündigung.*
- *Zusätzliche Requisiten: Straßenbahn, Bus, Hausschlüssel, Tobis Vater, Auto, Tobis Schule.*

Der Kleine Bär war mit Tobi dicke befreundet. Das war aber nicht immer so gewesen.

Tobi, der Tierpfleger der Fische im Zoo, liebte nicht nur die Piranhas, sondern auch die Zierfische. Er liebte sie so sehr, dass er manchmal sogar noch nach dem Ende der Arbeit auf einem Hocker vor ihrem Aquarium saß und ihnen zusah. All diese Zierfische schimmerten wunderbar und geheimnisvoll. Königlich bewegten sie ihre Flossen und Schwänze, die in den unterschiedlichsten Farben schimmerten: Gelblich grün, türkis und rötlich violett leuchtete es im bestrahlten Wasserbecken.

Ja, so sehr liebte Tobi seine Fische, dass er manch anderes darüber vergaß, zum Beispiel, dass es mittags Zeit war, zum Essen in die Zoo-Cafeteria zu gehen. Alle, die im Zoo arbeiteten, konnten bis zwei Uhr mittags ein billigeres Essen bekommen als die normalen Zoobesucher. Doch Mitarbeiter, die nach zwei Uhr kamen, mussten genauso viel bezahlen wie die normalen Gäste.

Unter allen Tierpflegern war es immer nur einer, der nach zwei Uhr kam: Tobi. Es war ihm egal, dass es teurer war ... Und auch sonst hatte Tobi ein Problem mit der Pünktlichkeit. Der Zoodirektor hatte Tobi schon öfters ermahnt, er solle bitte schön die Arbeitszeiten etwas genauer nehmen. Leider kam Tobi nämlich nicht nur zum Essen zu spät, sondern auch morgens zum Arbeiten. Er liebte es besonders, lange zu schlafen. Zwar war sein Beruf als Tierpfleger bei den Fischen der Traumjob, den er sich immer gewünscht hatte, doch leider musste man bei dieser Arbeit früh aufstehen. Schon oft verpasste Tobi die Straßenbahn zum Zoo. Die Straßenbahn zu verpassen war eigentlich ganz schön schwer, denn die Haltestelle befand sich unmittelbar vor seiner Tür. Eigentlich musste Tobi nur aus dem Fenster gucken, und schon sah er die Bahn von weitem kommen. Und trotzdem fuhr sie oft ohne Tobi davon, denn er musste noch mal zurück in die Wohnung, weil er etwas vergessen hatte oder der Haustürschlüssel klemmte – immer war irgendwas, so dass Tobi zu spät kam.

Tobi hatte im Zoo einen Spitznamen. Die meisten riefen ihn »Schnell wie eine Schnecke«, weil er so langsam war und immer zu spät kam. Anfangs hatte sich Tobi darüber geärgert, aber mittlerweile war es ihm egal.

Der Kleine Bär kam gerade zu Tobi ins Aquarium, als der mal wieder vor seinen Zierfischen saß.

»Heute war das Essen in der Cafeteria ganz besonders lecker! Haben dir die Sojaschnitten mit dem Spargel und der köstlichen Soße auch so toll geschmeckt?«, fragte der Kleine Bär.

»Sojaschnitten? Spargel? – Oh, das klingt interessant. Ich glaube, ich sollte mal essen gehen«, meinte Tobi.

»Es ist schon Viertel nach zwei!«, sagte der Kleine Bär stirnrunzelnd. »Ich weiß nicht, ob die überhaupt noch was von dem leckeren frischen Spargel haben …«

»Na, dann hab ich eben Pech gehabt …«, seufzte Tobi.

Der Kleine Bär sprach Tobi jetzt wegen seines dauernden Zuspätkommens an. Tobi erzählte, dass es schon in der Schulzeit so gewesen sei. Wenn sich seine Freunde mit ihm verabredet hatten, dann haben sie immer eine halbe Stunde früher mit ihm abge-

macht. So wussten sie ungefähr, wann er tatsächlich kommen würde. Doch irgendwann kam Tobi dahinter, denn er war ja nicht dumm. So kam er ganz schnell eine Stunde später als abgemacht – statt einer halben Stunde. Denn er wusste ja, dass seine Freunde sowieso mit einer halben Stunde Verspätung rechneten.
Der Kleine Bär kratzte sich verwundert an der Schläfe: »Haben das denn all deine Freunde mitgemacht?«
»Oh, leider nein«, meinte Tobi. »Viele haben gesagt, dass ich ein blöder Hund sei mit meiner Zuspätkommerei. Sie haben sich einfach nicht mehr mit mir verabredet. Mit der Zeit hatte ich dann immer weniger Freunde ...«
Der Kleine Bär lachte plötzlich lauthals.
»Warum lachst du denn so blöd?«, fragte Tobi.
»Ach, ich hab mir gerade vorgestellt, dass die Lehrer in der Schule bestimmt nicht deine Freunde waren, wo du doch immer zu spät gekommen bist.«
Tobi nickte: »Das kann man wohl sagen. Die wollten mich schon des Öfteren aus der Schule rausschmeißen.«
»Und warum haben sie es nicht getan? Man kann doch nicht dauernd zur Schule zu spät kommen?!«, hakte der Kleine Bär nach.
»Tja«, meinte Tobi, »mein Vater bekam eine neue Arbeit in der Nähe der Schule, und so lieferte er mich immer pünktlich mit dem Auto ab. Aber wenn wir zum Beispiel einen Schulausflug mit dem Bus machten, dann fuhr mir der Bus meist vor der Nase weg, so dass ich wieder nach Hause gehen musste ...«
»So was Dummes auch!«, lachte der Kleine Bär.
»Du bist gar nicht so nett, wie ich immer dachte«, regte sich Tobi auf. »Du machst dich ganz schön lustig über mich. Ich leide doch selbst an dem Zuspätkommen! Meinst du, ich mache das absichtlich?«
Tobi hatte doch jetzt tatsächlich bei den letzten Worten die Faust geballt. Er war richtig wütend auf den Kleinen Bären. Dabei war Tobi sonst eigentlich nie wütend.
»Entschuldigung«, sagte der Kleine Bär kleinlaut. »Ich wollte dich

nicht verletzen. Aber erzähl doch mal, wie das mit dem Zuspätkommen in der Kindheit anfing.«

Tobi schaute jetzt etwas traurig aus: »Als neugeborenes Baby kam ich gleich für zwei Jahre zu fremden Leuten. Meine Eltern sah ich nie. Dann holten sie mich wieder zu sich. Ich hatte als Kind immer Angst, dass sie mich wieder irgendwo in die Fremde bringen würden. Deswegen habe ich mich oft stundenlang vor ihnen versteckt. Nie hatte ich das Gefühl, dass sie mich liebten. Ich war ihnen ziemlich egal. Aber wenn ich mich versteckte oder wenn ich zu spät von der Schule heimkam, dann sorgten sie sich um mich. Und wenn sich jemand um mich sorgt, dann muss er mich doch wenigstens ein klitzekleines bisschen lieb haben – oder?«

Der Kleine Bär streifte sich eine Träne ab: »Mein Gott, Tobi, ist das alles traurig. Und eben habe ich noch über dich gelacht. Jedenfalls verstehe ich jetzt, warum du immer zu spät kommst. Eigentlich willst du nur, dass dich alle lieb haben.«

»Meinst du wirklich?«, antwortete Tobi und rollte seine großen blauen Augen.

»Klar«, sagte der Kleine Bär, und er umarmte Tobi. »Ich hab dich wirklich total gern, und ich freue mich auf den Ausflug am Mittwoch in drei Wochen. Wir werden viel Spaß in dem neuen, großen Aquarium haben.«

»Ja, da freue ich mich auch schon drauf«, sagte Tobi. »Schade, dass dieses neue Aquarium in Huttenstadt eröffnet wird und nicht in unserem Zoo. Ganz bestimmt werde ich pünktlich morgens um acht beim Bus sein.«

Am nächsten Tag trafen sich Tobi und der Kleine Bär, als sie gerade nach Hause gehen wollten. Tobi ging mit krummem Rücken wie ein alter Mann.

»Mein Gott, was ist mit dir?«, fragte der Kleine Bär betroffen.

»Da!«, gab Tobi zur Antwort und reichte dem Kleinen Bären einen blauen Briefumschlag. Der Kleine Bär wickelte neugierig den Bogen Papier heraus.

Er las laut: »*Kün-di-gung!* – Hiermit werden Sie wegen häufigen

Zuspätkommens fristlos gekündigt und können ab nächste Woche nicht mehr im Zoo arbeiten.« Der Kleine Bär hielt sich ratlos die Hand vor den Mund. Dann sagte er: »Wie schrecklich! Das kann ja nicht wahr sein. Das hätte ich unserem Zoodirektor nicht zugetraut«, schimpfte der Kleine Bär.
»Unser Zoodirektor ist völlig in Ordnung!«, meinte Tobi. »Stell dir mal vor, alle kämen so wie ich dauernd zu spät. Der Zoo könnte schließen ... Der Zoodirektor hat mich so oft gewarnt: Wenn ich weiter unpünktlich wäre, würde er mich entlassen. Jetzt war es halt so weit.«
»Nein, nein, nein«, schimpfte der Kleine Bär. »Gar nichts ist so weit. Du bist der beste Tierpfleger für unsere Fische, und du wirst auch in Zukunft hier arbeiten. Lass mich nur mal machen. Großes Ehrenwort von mir: Du wirst weiter im Zoo arbeiten!«
Tobi seufzte nur müde: »Dein Einsatz ist wirklich lieb, aber weißt du, ich bin an allem selbst schuld. Ich habe es nicht anders verdient.«
Am nächsten Tag hatte der Kleine Bär ein langes Gespräch mit dem Zoodirektor. Und am späten Nachmittag, als die Zookasse zugemacht hatte, mussten alle Angestellten zum Direktor kommen. Da standen sie nun im Kreis, und der Zoodirektor forderte Tobi auf, er solle sich in die Mitte stellen. Der Reihe nach sagte nun jeder Einzelne zu Tobi: »Ich habe dich gern, so wie du bist!«
Tobi wusste gar nicht, was los war. Er musste einfach nur weinen, so gerührt war er. Je mehr Leute ihm sagten, dass sie ihn gern hatten, umso mehr liefen seine Tränen. Am Ende mussten aber auch die meisten Mitarbeiter weinen und umarmten Tobi herzlich.
Von diesem Tag an kam Tobi nie mehr zu spät zur Arbeit. Beim Ausflug in das große Aquarium war Tobi als Erster an der Bushaltestelle. Und auch später war Tobi nun immer pünktlich. Schon bald verlor er seinen Spitznamen. Niemand nannte ihn mehr »Schnell wie eine Schnecke«. Alle nannten ihn nur noch »Tobi«.
Seit dieser Zeit waren Tobi und der Kleine Bär ziemlich dicke Freunde.

Ärger bei den Gibbons: »Alle sind gegen mich«

- *Eltern-Information: falsche Vorbilder haben; immer der Beste sein wollen; sich über andere stellen, statt sich zu integrieren; Rivalitäten mit anderen Kindern und dergleichen.*
- *Hauptrequisiten: viele Affenfiguren für Jolanda, Kathi und die anderen Gibbons, der Kleine Bär, Affenpfleger Jimmy, Fips, der Affe, Elefantendame Anne, Schimpansengruppe.*
- *Zusätzliche Requisiten: Kräuter bzw. Hustenkräuter (falls nicht vorhanden, Hustenbonbons).*

Eines Tages hörte der Kleine Bär, dass es heftige Auseinandersetzungen unter den Gibbon-Affen gab. Sogleich ging er zu dem Pfleger Jimmy. Jimmy berichtete ihm, dass Jolanda, eines der Gibbon-Mädchen, sich in der Gruppe schlecht fühle.
»Was ist denn mit dir?«, fragte der Kleine Bär Jolanda, als er zu den Gibbons kam.
»Ach, die wollen mich alle weghaben! Alle sind gegen mich«, klagte Jolanda, das Gibbon-Mädchen.
Nun nahm sich der Kleine Bär viel Zeit und schaute den Gibbons zu, wie sie miteinander umgingen. In der Tat konnte er beobachten, dass die Affengruppe Jolanda meist links liegen ließ. Kathi, eine andere Gibbon-Äffin, ließ sie immer spüren, dass sie Jolanda für unwichtig und dumm hielt.
Kathi sagte oft zu Jolanda: »Was weißt denn du schon? Du weißt doch gar nichts. Mein Papa ist der größte und stärkste von allen Gibbons.« Wenn Kathi so sprach, kniff sie ihre Augen zu. Das bedeutete, dass sie den anderen verachtete. Alle zählten gar nichts, nur was Kathi sagte, war richtig. Oft spuckte sie sogar vor Jolanda auf den Boden. Das bedeutete: Du bist so blöd, dass man nur vor dir ausspucken kann.
Da wusste Jolanda zunächst mal gar nicht, was sie dazu sagen sollte. Sie fühlte sich hilflos. Was sollte man auch gegen so ge-

meine Affen machen? Kathis Papa war übrigens gar nicht der Größte und Stärkste. Das war eine Lüge! Aber Kathi konnte auf eine Art und Weise sprechen, dass ihr zunächst fast alle glaubten.
Und wie reagierte Jolanda auf Kathis Angriffe? In ihrer Hilflosigkeit tat sie so, als wenn sie Kathi wäre. Auch sie sagte dann: »Mein Papa ist der Größte. Er ist der stärkste Gibbon.« Dabei wusste jeder, dass auch dies nicht stimmte. Jolanda glaubte man aber keine Lügen, nur Kathi. Es war wirklich zum Mäusemelken!
»Mein Gott!«, dachte der Kleine Bär bei sich. »Wie dumm, dass Jolanda solche Sachen sagt.« Auch Jolanda kniff immer die Augen zusammen und spuckte vor Kathi auf den Boden, doch alle lachten nur. Kathi lachte am lautesten.
Da fragte der Kleine Bär den Affenpfleger Jimmy: »Wie kommt es, dass jeder Affe Kathis dummes Geschwätz glaubt? Und bei ihr lacht auch niemand, wenn sie die Augen zusammenkneift und ausspuckt!«
»Da fragst du mich zu viel«, antwortete Jimmy.
Der Kleine Bär war ratlos. Er ging zur Elefantendame Anne und zu Fips, dem Affen. Fips und Anne waren sich sofort darüber einig, warum das alles so war. Anne schwenkte ihren Rüssel hin und her und sagte: »Kathi ist tatsächlich so ekelhaft in ihrem Verhalten, wie sie sich darstellt. Schau dir nur mal Kathis Eltern an. Die kennen wir doch alle, denn sie sind schon lange im Zoo. Die verhalten sich ganz genauso wie Kathi! Darum nimmt ihr jeder ihr Verhalten ab. Sie verachtet alle anderen ganz tief. Bei Jolanda ist das völlig anders. Ihre Eltern sind nette Affen. Sowohl der Papa als auch die Mama sind freundlich zu allen. Jeder merkt sofort, dass es von Jolanda nur gespielt ist, wenn sie einen auf ›obercool‹ macht. So ist sie nämlich in der Tiefe ihres Herzens gar nicht. Und eigentlich wäre Jolanda genauso freundlich zu allen anderen, wenn …«
»Jetzt wird's spannend!«, rief der Kleine Bär voller Ungeduld aus.

»... wenn«, fuhr Anne fort, »wenn sie sich einfach so verhalten würde, wie sie ist: ein ganz liebes, normales Affenkind.«
»Und was soll ich Jolanda jetzt sagen?«
»Ganz einfach«, sagte Anne. »Jolanda soll nicht so dumm sein, genauso zu reagieren wie Kathi. Sie soll aufhören, falsche Sachen zu behaupten und sich als die Größte darzustellen. Jeder weiß, dass ihr Papa nicht der Stärkste ist. Sie soll auch aufhören, vor Kathi auszuspucken. Sie soll aufhören, ihre Augen zusammenzukneifen, wenn sie mit ihr redet. Stattdessen soll sie lieb und nett mit Kathi sprechen. Damit rechnet Kathi nämlich überhaupt nicht! Sie wird gar nicht wissen, was sie machen soll, wenn Jolanda sich ganz normal verhält. Sie soll sich ja nicht anmerken lassen, dass sie sich dauernd über Kathi ärgert.«
»Genau«, warf der Kleine Bär ein. »Dass ich da nicht von selbst drauf gekommen bin! Sie darf Kathi nicht spüren lassen, dass sie sich ärgert. Immer wenn man anderen zeigt, dass man sich ärgert, ärgern die anderen einen nur noch weiter und immer mehr ... Alles wird sich ändern, wenn sie sich so zeigt, wie sie ist.«
Mittlerweile war es Abend geworden, und der Kleine Bär hatte so viel zu tun, dass er gar nicht mehr zu Jolanda gehen konnte, um mit ihr zu reden. Er wollte ihr alles morgen sagen. Doch der Kleine Bär hatte am nächsten Tag einen schrecklichen Husten und blieb zu Hause. Und auch am darauffolgenden Tag war er noch krank.
Als er wieder zurück in den Zoo kam, hörte der Kleine Bär von Jimmy, dem Affenpfleger, dass Jolanda vorübergehend in die Schimpansengruppe gekommen war. Denn mittlerweile hielt es Jolanda bei den Gibbons nicht mehr aus. Die Schimpansenkinder waren noch sehr jung. Jolanda spielte sich sogleich als die Chefin auf. Sie sagte allen, was sie tun sollten. Doch die Schimpansen ließen sich das nicht bieten. Sie kamen angerannt und pinkelten ihr ans Bein. Das gefiel Jolanda gar nicht! Wer mag schon Pipi am Bein?

Je mehr Jolanda so tat, als hätte sie alles im Griff und sei ganz »cool«, desto mehr behandelten sie die Schimpansen schlecht.
Der Kleine Bär machte sich Vorwürfe, dass er nicht noch vor seiner Erkältung mit Annes guten Ratschlägen zu Jolanda gegangen war. Nun sprach der Kleine Bär allein mit Jolanda.
»Alle sind schlecht zu mir«, klagte Jolanda, und Tränen kullerten über ihre Wagen.
»Dabei ist alles so einfach, die Lösung ist so leicht für dich!«, rief der Kleine Bär. Nun erzählte er ihr Annes Ratschläge. Und er riet ihr auch, sie solle erst mal bei den Schimpansen bleiben und ausprobieren, ob das auch tatsächlich klappt. Außerdem sagte ihr der Kleine Bär, dass sie so liebe Eltern habe und dass sie selbst genauso lieb sei. Sie habe das dummerweise nur vergessen.
»Verhalte dich so, wie du wirklich bist«, sagte der Kleine Bär, »ein ganz normales Gibbon-Mädchen. Und wenn dich jemand schlecht behandelt, dann bleibst du weiter freundlich. Du wirst sehen, dann passiert ein Wunder. Auch Kathi wird sich dir gegenüber nach einiger Zeit ganz anders benehmen!«
Jolanda schüttelte den Kopf: »Nie, nie wird sich Kathi mir gegenüber verändern. Mir bleibt doch gar keine andere Wahl, als genauso eklig zu sein wie sie.«
Doch der Kleine Bär bestand auf seiner Meinung: »Doch, du kannst! Probier es wenigstens mal aus. Fang gleich hier bei den Schimpansen an. Du wirst sehen, dass innerhalb von wenigen Stunden alles verändert ist. Die Schimpansen werden dich lieben!«
Da Jolanda keine besseren Vorschläge hatte als der Kleine Bär und weil sie wirklich tief verzweifelt war, nickte sie nur stumm. Sie wollte es nun so machen, wie der Kleine Bär gesagt hatte.
Genau das tat sie jetzt. Sie hörte auf, den kleinen Schimpansen alles vorzuschreiben. Stattdessen bot sie sogar ihre Hilfe an, wenn sie welche brauchten. Zunächst waren die Affen völlig verwirrt. »Wieso gibt es jetzt zwei Jolandas?«, fragten sie sich. »Eben war

doch noch eine ganz andere da? Die war so hochnäsig und angeberisch. Wie kann das sein?«
Doch da Jolanda weiterhin nett und hilfsbereit blieb, mussten sie schließlich glauben, dass es jetzt eine andere Jolanda gab. Schon nach zwei Stunden ritten die ersten Schimpansenkinder auf Jolandas Rücken durchs Gehege. Sie kreischten laut und trieben sie an, dass sie doch schneller laufen solle. Das tat sie auch. Dann kamen größere und kräftigere Schimpansenkinder, die ebenfalls kleinere auf den Rücken nahmen, und nun machten sie mit Jolanda Wettrennen.
Der Kleine Bär beobachtete das alles und freute sich sehr. Da kam Jimmy vorbei. »Jolanda versteht sich jetzt so gut mit den Schimpansen, die können wir gleich hierlassen«, sagte er.
Doch der Kleine Bär schüttelte den Kopf: »Sie muss zurück zu den Gibbons, denn sie ist doch ein Gibbon! Da gehört sie hin. Und auch dort wird es eine tolle Veränderung geben. Du wirst sehen, Jimmy!«
Jolanda kam nun wieder zu den Gibbons.
Kathi spuckte gleich erst mal vor Jolanda auf den Boden, als diese hereinkam. Jolanda wollte gerade zurückspucken, da merkte sie, dass der Kleine Bär zusah und laut in die Hände klatschte. Damit zeigte er Jolanda, dass sie bitte, bitte nicht alles vergessen sollte, was sie besprochen hatten. Sie sollte es nur so machen wie bei den Schimpansen.
Jolanda schluckte. Dann verzichtete sie darauf, vor Kathi auf den Boden zu spucken. Stattdessen sagte sie: »Bei den Schimpansen war es wirklich schön. Wir haben sogar Wettrennen gemacht.«
Kathi kniff die Augen zusammen. Dann drehte sie verächtlich den Kopf zur Seite und schaute auf die anderen Gibbons: »Habt ihr das gehört? Dieses blöde, dumme Mädchen lässt sich dazu herab, mit den noch dümmeren Schimpansen Wettrennen zu veranstalten. Hat man so was Dämliches schon gehört?«
Sie lachte, und die anderen Gibbons lachten auch.

Jolanda wollte schon wieder die Augen zusammenkneifen. Doch dann schaute Jolanda Kathi ganz normal an und sagte ihr: »Ja, die Schimpansen sind wirklich nett. Ich dachte auch erst, dass sie dumm sind. Aber die sind gar nicht dumm, es sind halt Schimpansen, und Schimpansen dürfen anders sein als Gibbons. Das ist alles ganz normal. Und wenn man sich auf die Schimpansen einlässt, kann man unglaublich viel Spaß haben!«

Der Kleine Bär und Jimmy standen nebeneinander und schauten und hörten gebannt zu. Der Kleine Bär flüsterte Jimmy ins Ohr: »Jolanda spuckt nicht mehr aus, und sie kneift auch nicht mehr die Augen zusammen!«

Nun spuckte Kathi wieder verächtlich vor Jolanda auf den Boden und sagte: »Mein Gott, bist du doch ein dummes Ding. Du bist genauso blöd wie deine Eltern!«

»Ich liebe meine Eltern ...«, entgegnete Jolanda mit strahlenden Augen. »Sie haben mir so viel Gutes beigebracht. Liebst du deine Eltern denn nicht, Kathi?«

Kathi wusste nun gar nicht mehr, was sie antworten sollte. Sie bekam einen fürchterlichen Hustenanfall.

»Darf ich dir ein paar Hustenkräuter holen?«, fragte Jolanda.

Jetzt hustete Kathi noch schlimmer. Jolanda ging zu Jimmy und bat ihn um Hustenkräuter für Kathi. Jimmy gab ihr welche, und die anderen Gibbons schüttelten ihre Köpfe. Sie fragten sich, was passiert war. Was war mit Jolanda geschehen? So ruhig und selbstbewusst hatten sie sie noch nie erlebt. Alle stürmten auf sie zu und wollten mit ihr spielen.

Kathi hustete immer noch. Schweigend nahm sie von Jolanda die Hustenkräuter und kaute sie. Natürlich sagte Kathi nicht danke. Kathi sagte nie danke, ihre Eltern übrigens auch nicht. Als es Kathis Hals besserging, wandte sie sich Inga zu, einem ganz kleinen Gibbon-Mädchen. Kathi kniff die Augen zu und spuckte vor ihr auf den Boden.

Von alldem bekam Jolanda gar nichts mehr mit, denn sie spielte inzwischen vergnügt mit den anderen Gibbons.

Einen Monat später traf der Kleine Bär Jimmy, als er gerade beim Fahrradständer am Zooeingang stand. Jimmy erzählte, dass Kathi ab und zu immer noch Jolanda schlecht behandle, aber dass Jolanda auch weiterhin freundlich sei. Dann meinte Jimmy: »Kathi ist jetzt immer seltener eklig zu Jolanda. Sie spürt nämlich, dass Jolanda sich nicht mehr darüber ärgert. Was soll denn Kathi auch machen, wenn Jolanda so nett ist?«

Mimi, die arme Mongolische Wüstenrennmaus

- *Eltern-Information: Krankheitsgewinn (wenn Krankheit missbraucht wird, weil man damit viel Aufmerksamkeit erhält). Erklären Sie, was ein Stethoskop ist.*
- *Hauptrequisiten: drei Mäuse, der Kleine Bär, Tierpflegerin Kathrin, Doktor.*
- *Zusätzliche Requisiten: Zeitung, zwei Teetassen.*

Als der Kleine Bär im Zoo gerade seinen Elf-Uhr-Kakao kochen wollte, klopfte es an der Tür. Es war die Tierpflegerin Kathrin. Sie arbeitete erst seit kurzem im Zoo.

»Ich habe Probleme mit den Mongolischen Wüstenrennmäusen«, stöhnte Kathrin. »Die kleine Mimi ist dauernd krank, und keiner weiß, warum. Alle anderen Mäuse sind gesund.«

»Ich komme gleich mal vorbei«, sagte der Kleine Bär.

Zuerst aber kochte er seinen Kakao fertig und schlürfte ihn genüsslich. Zu Hause tat der Kleine Bär das nie, aber hier, wenn ihn niemand sah und hörte, genoss er es, seinen Kakao zu schlürfen. Anschließend ging er rüber zu den Mongolischen Wüstenrennmäusen. Er setzte sich auf einen Stuhl und tat so, als würde er Zeitung lesen. Der Kleine Bär hatte die neueste Ausgabe der Zoozeitung dabei und blätterte darin. In Wirklichkeit spitzte er aber die Ohren, um zu hören, was dort so gesprochen wurde.

»Ach, ich arme, kleine Maus«, seufzte Mimi mitleiderregend. Mimi sprach mit sich selbst und merkte gar nicht, dass hier jemand ganz aufmerksam zuhörte. »Es ist ja alles so schrecklich«, klagte Mimi weiter, »niemand kuschelt mit mir, niemand unternimmt was mit mir ... Vielleicht sollte ich noch etwas lauter husten und noch lauter seufzen, damit mich endlich jemand hört.«

Mimi hustete jetzt ganz schrecklich. Da kam gerade Kathrin vorbei. »Hörst du das, wie schrecklich Mimi hustet?«, fragte sie den Kleinen Bären.

»Ja, ja, das ist wirklich nicht zu überhören«, bestätigte der Kleine Bär und packte die Zoozeitung zusammen. »Damit man nichts falsch macht, solltest du den Doc rufen.«
»Unseren Zoodoktor?«, fragte Kathrin.
»Ja, genau den, man weiß ja nie ... ach, da kommt er ja, ich seh ihn schon da hinten.«
Es dauerte nicht lange, da kam der Zoodoktor, den alle »Doc« nannten, auf seiner morgendlichen Runde vorbei. Kathrin erzählte ihm, um was es ging.
Der Doktor untersuchte die kleine Mimi und hörte mit dem Stethoskop auch die Lungen und den Herzschlag ab.
»Alles in Ordnung bei ihr«, sagte der Doc, »aber der Rachen ist entzündet, sie hustet zu viel. Doch eigentlich kann ich gar keine Erkältung bei ihr feststellen.«
»Warum hustest du denn so viel?«, fragte der Doc die kleine Mimi.
Mimi lief rot an und meinte: »Das sage ich nur dem Kleinen Bären.«
Also mussten Kathrin und der Doc wieder gehen. Nun erzählte Mimi, dass ihre vier Geschwister selten mit ihr spielten und Mama und Papa kaum mit ihr kuschelten. Da kam sie eben auf die Idee, ein bisschen krank zu spielen. Deshalb hustete sie halt einfach so zum Spaß.
»Das Dumme ist nur, dass ich davon jetzt richtig krank geworden bin. Mein Hals tut von dem vielen Husten schon ganz weh«, klagte Mimi.
»Ich glaube, die Lösung ist für dich ganz einfach, Mimi«, sagte der Kleine Bär. »Wenn du mit Mama oder Papa kuscheln willst, gehst du einfach zu ihnen hin. Da deine Eltern ja fünf Kinder haben, merken die das manchmal gar nicht so, wenn eins der fünf Kinder zu wenig gestreichelt wird. Da muss man dann schon mal von selbst hingehen und sich holen, was man braucht.«
»Ach so ist das!«, sagte Mimi. »Und mit meinen Geschwistern? – Da soll ich wohl auch hingehen und sagen, dass ich jetzt einfach mal mitspielen will?«

»Ganz genau«, bestätigte der Kleine Bär. »Du wirst sehen, dass das alles ohne Schnupfen und Husten und andere Krankheiten funktioniert. Manchmal muss man sich eben im Leben von selbst das holen, was man braucht. So ist das, wenn man viele Geschwister hat. Und wenn du mal mit deiner Mama und mit deinem Papa allein spielen oder etwas besprechen willst, dann musst du es ihnen sagen. Weißt du, die können nämlich gar nicht wissen, was in dir drinnen so vorgeht. Du musst ihnen wirklich alles sagen, damit sie genau wissen, wie sie dir helfen können.«

»Ach«, machte Mimi da einen ganz tiefen Seufzer. »Kannst du das nicht für mich erledigen, Kleiner Bär? Du kannst so gut reden. Du redest sooo wunderbar ...«

»Du bist die faulste Mongolische Wüstenrennmaus, die ich je gesehen habe!«, schimpfte der Kleine Bär. »Wahrscheinlich soll ich dir auch noch die Körner zum Fressen einzeln ins Maul schieben?«, rief er zornig.

Die kleine Mimi warf ausdrucksvoll den Kopf nach hinten und klimperte mit ihren Augenlidern. Dann hielt sie inne, als ob sie über etwas nachdachte: »Ja, du hast ja ganz recht. Warum muss das Leben nur so anstrengend sein? Ich werde gleich mal zu meinen Eltern gehen und mit ihnen reden.«

Der Kleine Bär blieb bei den Mongolischen Wüstenrennmäusen stehen, denn er wollte mitbekommen, ob Mimi das auch tatsächlich tat. Und wirklich raste Mimi zu ihren Eltern. Sie sagte ihnen, dass sie sich nicht immer traute, ihre Wünsche klar und deutlich zu äußern. Mimi erzählte, dass sie ab und zu gern mal allein mit dem Papa und der Mama kuscheln oder spielen wollte.

Mama und Papa stupsten mit ihren Nasen an Mimi herum und schmusten mit ihr. Sie sagten ihr, dass sie sie ganz doll lieb hatten und dass sie doch in Zukunft immer gleich zu ihnen kommen solle. Wenn es ein Problem gebe oder Mimi etwas von ihren Eltern haben wolle, sei das alles ganz einfach. Mimi weinte jetzt herzzerreißend vor Freude, während sie zwischen ihren Eltern lag und sich abwechselnd an beide anschmiegte.

Der Kleine Bär nickte zufrieden und schlich sich leise weg, denn er musste noch den Elefantenstall ausmisten.
Eine Woche später traf er Kathrin in der Zoo-Cafeteria. Beide tranken einen Tee: Der Kleine Bär entschied sich für Roibusch-Vanille, und Kathrin nahm Holundertee. Kathrin erzählte, dass Mimi jetzt ganz normal mit ihren Geschwistern spielte und dass sie völlig damit aufgehört hatte, ständig krank zu sein.
»Wie hast du das denn gemacht?«, fragte Kathrin neugierig.
»Ein ganz großes Geheimnis«, schmunzelte der Kleine Bär. »Mimi hat mir da was anvertraut, und ich habe ihr ein paar kleine Tipps gegeben. Den Rest hat sie allein gemacht!«
»Wenn ich dich nicht hätte …«, seufzte Kathrin und nippte mit verträumten Augen an ihrem Tee, der wundervoll nach Holunder duftete.

Flamingo Liliane und der violette Wollfaden

- *Eltern-Information: Jedes Kind lügt mal zu seinem Vorteil, was ganz normal ist. Die Geschichte ist gedacht für Kinder, die jedoch aus dem Lügen gar nicht mehr herauskommen.*
- *Hauptrequisiten: viele Flamingos (oder stelzenartige Vögel) für Liliane, ihre Eltern, Nicole und weitere Flamingokinder, der Kleine Bär, violetter oder roter Wollfaden, Fips, der Affe.*
- *Zusätzliche Requisiten: Teich, Baum, Figur für Großmutter.*

Bei den Flamingos gab es Streit. Liliane musste sich mal wieder von ihren Eltern anhören, dass sie endlich mit dem Lügen aufhören sollte. Wenn Liliane etwas nicht zugeben wollte oder sie etwas ausgefressen hatte, dann log sie einfach. Manchmal beschuldigte sie eines der anderen Flamingokinder – auch wenn sie selbst Mist gebaut hatte. Natürlich hatte sich Liliane auf diese Weise viele Feinde geschaffen und nur wenig Freunde.

Wann immer Liliane einen Vorteil durch Lügen hatte, log sie. Einmal sagte sie, dass sie vom Futter Bauchweh bekomme. Dabei wollte sie einfach nur einmal etwas anderes zu essen haben. Als die Eltern hinter ihre Lügen kamen, ermahnten sie sie: »Wie sollen wir denn noch wissen, wann du die Wahrheit sprichst und wann du lügst? Am Ende werden wir dir gar nichts mehr glauben.«

Einmal kam Liliane mit einem blauen Auge vom Spielen mit den Flamingokindern heim. Liliane erzählte Mama und Papa, dass Nicole ihr ohne Grund mit dem Schnabel ins Auge gepiekst hatte.

Mama sagte: »Das will ich erst mal überprüfen! So einfach kann man dir ja gar nicht mehr glauben, was du sagst. Du machst den Schnabel zum Sprechen auf, und schon ist es eine Lüge.«

Mama ging zu Nicole und fragte sie, was denn geschehen sei. Nicole berichtete, dass Liliane ein Rotkehlchen geärgert hatte. Ir-

gendwann war es dem Rotkehlchen zu viel, und es pickte Liliane ins Auge.
Da fragte Lilianes Mama: »Und woher weiß ich, ob du mir die Wahrheit erzählst? Vielleicht lügst du ja genauso viel wie meine Liliane.«
»Nein«, antwortete Nicole, »ich sage die Wahrheit. Du brauchst bloß die anderen Flamingokinder zu fragen. Die waren nämlich alle dabei und haben gesehen, was passiert ist.«
Und genauso war es. Alle Flamingokinder bestätigten, was Nicole erzählt hatte.
Da war Lilianes Mama traurig, dass ihr Kind sie so häufig anlog. Sie besprach sich mit dem Papa, was denn jetzt mit Liliane passieren sollte.
»Ich schlage vor«, sagte Lilianes Papa, »dass wir ihr gar nichts mehr glauben. Das meiste, was sie erzählt, ist gelogen. Also glauben wir ihr einfach nicht.«
In den nächsten Tagen spielte Liliane viel mit ihrem violetten Wollfaden. Es war ein dicker, fester Wollfaden, den irgendein Zoobesucher achtlos auf den Boden geworfen hatte. Doch für Liliane war dieser Wollfaden ihr Ein und Alles. Wunderbar schimmerte er, wenn man ihn ins Sonnenlicht hielt. Liliane konnte stundenlang mit diesem Faden Muster auf dem Boden legen, oder aber sie baute ein kleines Nest mit ihm.
Eines Nachmittags kam Liliane weinend von den anderen Flamingokindern nach Hause gelaufen: »Die böse Nicole hat mir meinen Wollfaden geklaut, dieses Biest, ich könnte sie umbringen ...«
»Na, na, na!«, besänftigte sie der Papa. »Wahrscheinlich war es wieder ganz anders. Vermutlich hast du den Wollfaden einfach irgendwo verloren.«
»Nein, das ist eine Lüge, Papa«, protestierte Liliane. »Nicole hat ihn mir einfach geklaut und rückt ihn nicht mehr raus.«
»Ach, dummer Quatsch«, antwortete der Vater. »Ich glaube dir kein einziges Wort, du lügst ja sowieso dauernd.«
»Aber diesmal sage ich die Wahrheit. Du musst mir glauben, Papi,

bitte! Bitte komm jetzt mit zu Nicole, und sag ihr, dass sie mir meinen Wollfaden zurückgibt.«
»Nein!«, meinte der Papa bestimmt. »Ich gehe jetzt viel lieber zum Teich und fange mir was zu essen.«
Liliane war wütend auf ihren Vater. So suchte sie ihre Mama. Die tauschte gerade Neuigkeiten mit einer Flamingofrau aus, und Liliane musste warten, bis ihre Mutter wieder allein war. Als die andere Flamingodame endlich gegangen war, erzählte Liliane ihre Wollfaden-Geschichte auch der Mutter. Doch als hätten sich die Eltern abgesprochen, reagierte die Mama genauso wie der Papa. Sie sagte zu Liliane: »Ich habe kein Vertrauen zu dir. Du lügst andauernd, da kann ich nur vermuten, dass du auch dieses Mal wieder lügst. Wenn ich nämlich jetzt zu den anderen Flamingos gehe und Nicole beschuldige, dann mache ich mich am Schluss wieder lächerlich. Denn schon so oft hast du Lügengeschichten erzählt. Nein, nein, vermutlich hast du den Wollfaden einfach verloren ...«
Liliane war restlos enttäuscht von ihren Eltern. Sie weinte herzzerreißend um ihren geliebten Wollfaden, den ihr Nicole tatsächlich abgenommen hatte.
Liliane hämmerte mit ihrem Schnabel auf den Boden und schimpfte auf ihre Eltern.
»Na, na, willst du den Boden umgraben?«, ertönte da eine Stimme über ihr. Es war der Kleine Bär. Er hatte den Affen Fips auf der Schulter sitzen und blickte neugierig zu Liliane.
Liliane erzählte ihm die ganze Geschichte. Sie ließ auch nicht aus, dass sie ihre Eltern in letzter Zeit viel angelogen hatte.
»Da bist du aber selbst schuld«, meinte Fips, der Affe. »Wie sollen dir deine Eltern denn jetzt plötzlich glauben? Die wissen ja nie, wann du die Wahrheit sagst und wann du lügst.«
»Und was soll ich nun machen?«, jammerte Liliane.
»Ganz einfach«, sagte der Kleine Bär. »Du gehst zu deinen Eltern und sagst ihnen die Wahrheit. Dabei sagst du ganz feierlich, dass du ab heute mit der Lügerei aufhörst.«

Der Kleine Bär und Fips schauten zu, wie Liliane zu ihren Eltern ging und ihnen feierlich versicherte, dass sie immer nur noch die Wahrheit sagen würde. Und dass jetzt, bitte schön, der Papa mit zu Nicole kommen solle, denn sie habe solche Sehnsucht nach ihrem violetten Wollfaden.

Lilianes Papa war gar nicht gut gelaunt: »Wahrscheinlich lügst du schon wieder«, sagte er. »Aber ich gebe dir jetzt diese allerletzte Chance. Wenn das wieder eine Lüge war, hören wir nie mehr auf dich.«

Schlecht gelaunt gingen Papa, Liliane, der Kleine Bär und Fips zu Nicole. Nicole sagte ganz unschuldig, dass sie überhaupt keine Ahnung von diesem violetten Faden habe. Sie selbst habe ihn jedenfalls auf gar keinen Fall.

»Seht ihr?«, sagte Lilianes Papa zum Kleinen Bären und zu Fips. »Meine Tochter hat schon wieder gelogen. Ich habe es mir bereits gedacht. Sie will nur Nicole schlechtmachen, dabei ist Nicole ganz unschuldig.«

Liliane war am Boden zerstört und weinte. »Ausnahmsweise hab ich mal die Wahrheit gesagt, und jetzt glaubt mir niemand ...«, schluchzte sie.

Lilianes Papa war genervt. Er ging wieder zum Teich: »Im ganzen Leben glaube ich dir nie mehr was«, brüllte er noch zu Liliane.

»Oje, oje«, brummte der Kleine Bär. »Ich fürchte, nun sind wir am Ende. Was kann man denn jetzt noch machen?«

Fips leckte sich die Zunge: »Ich bin sicher, dass Liliane ausnahmsweise mal die Wahrheit gesagt hat. Ich weiß, was wir jetzt machen: Der Kleine Bär macht seine Arbeit weiter. Liliane geht zu ihrer Mama, und den Rest mache ich allein!«

»Da sind wir aber gespannt«, sagte der Kleine Bär und verschwand.

Fips aber schlich unbemerkt auf die große Platane, einen der ganz großen Bäume im Zoo. Von dort konnte man alles überblicken. Da oben also machte es sich Fips so richtig gemütlich. Nur zu dumm, dass er keine Pistazien dabeihatte. Doch schon bald beobachtete er etwas Verdächtiges. Nicole kam aus einem Versteck hinter einem großen Stein hervor und hatte einen violetten Wollfaden im Schnabel. Sie schaute zu den anderen Flamingokindern und sagte: »Diese Lektion wird Liliane nicht vergessen! Jetzt habe ich sie wirklich mal reingelegt. Der blöden, dummen Liliane glaubt sowieso niemand mehr, so dass ich diesen Faden ruhig behalten darf.«

In diesem Moment sprang Fips in hohem Bogen von der Platane und schnappte sich den Wollfaden: »Falsch gedacht!«, lachte er. »Mit mir habt ihr nicht gerechnet. Ihr solltet euch klarmachen, dass auch so eine Dauerlügnerin wie Liliane eine Chance auf einen Neuanfang verdient hat. Wollt ihr denn wirklich, dass ihre Eltern ihr jetzt nie mehr etwas glauben? So schlecht könnt ihr Flamingokinder doch gar nicht sein – oder?«

Da nickten die Flamingokinder mit den Köpfen. Sie mussten es einsehen, dass jeder eine letzte Chance verdient hat. Und so begleiteten sie Fips auf seinem Weg zu Lilianes Eltern. Den violetten Wollfaden hatte sich Fips um den Hals gehängt. So sah er fast schon wie ein König aus, als ihm alle folgten.

Liliane stand traurig vor einer Pfütze und blickte auf zu ihrer Mama. Auch der Papa war mittlerweile vom Teich wieder zurück.

Als Fips alles erklärt hatte, zwinkerte die Mama Lilianes Papa zu: »Ich glaube, unsere Liliane wird doch noch ein ganz normales Flamingokind werden.«

Ja, genauso kam es. Liliane wurde ein ganz normales Flamingokind. Wenn sie etwas bedrückte, ging sie zu ihren Eltern und erzählte es ihnen. Das tat sie auch, wenn sie Dummheiten gemacht hatte. Sie wusste, dass ihre Eltern sie lieb hatten und sie ihnen immer die Wahrheit sagen konnte. Und umgekehrt wussten die Eltern, dass sie ihrem Kind wieder vertrauen konnten. Auch in der Gruppe der Flamingokinder fühlte sich Liliane schon nach kurzer Zeit wohl. Sie gewann viele Freunde, und die Kinder erfanden viele Spiele mit bunten Wollfäden.

Woher die ganzen Wollfäden plötzlich kamen? Der Kleine Bär war zu seiner Großmutter gegangen, die gern strickte, und hatte sie um Wolle gebeten. Die Wolle hatte er den Flamingos vorbeigebracht, denn er wusste ja, wie gern sie mit so etwas spielten.

Die wilden Hyänen

- *Eltern-Information: Wer mit dem Finger auf andere zeigt und die Gruppe gegen das schwächste Mitglied aufhetzt, muss oft eine teure Rechnung dafür bezahlen. Jemanden einer Tat zu beschuldigen, wenn man es nicht selbst gesehen hat, ist gefährlich.*
- *Hauptrequisiten: Hyänenfiguren (ersatzweise auch Hunde) für Thilo, Sam und andere, der Kleine Bär, Fips, der Affe, Tierpflegerin Sarah, kleiner Fußball bzw. Kickerball oder kleine Kugel.*
- *Zusätzliche Requisiten: Zoo-Cafeteria, Käfig, Giraffe.*

Ein eisiger Wind fegte durch den Zoo. Nur einige Besucher waren am Morgen gekommen, um sich die Tiere anzuschauen. Dabei war heute einiges los. Bei den Hyänen beispielsweise gab es Prügeleien wie vom Fließband, und oft hörte man schon von weitem ihr Knurren und Fauchen, wenn sie miteinander kämpften.

Fips, der Affe, war der Ansicht, dass man bei den Hyänen mal nach dem Rechten schauen sollte. Der Kleine Bär hatte zwar gar keine Lust dazu, aber Fips überredete ihn. Kaum hatten sich die beiden dem Hyänengehege genähert, hörten sie auch schon, wie gerufen wurde: »Thilo ist an allem schuld! Thilo hat den kleinen Fußball versteckt und rückt ihn jetzt nicht raus. – Kommt, wir beißen ihn, bis er vor Schmerzen schreit«, brüllte Sam, eine der wildesten Hyänen.

Der Kleine Bär rief Thilo herbei und fragte ihn, was denn hier los sei.

»Immer wenn hier was schiefläuft, bin ich der Schuldige, immer bin ich es gewesen ...«, klagte Thilo.

»Wieso gerade du?«, fragte Fips erstaunt.

»Ist doch ganz klar«, seufzte Thilo. »Die stürzen sich immer auf den Schwächsten. Den ärgern sie am meisten, und der ist immer der Sündenbock. Jetzt bin ich der Sündenbock für alles Schlechte. Deswegen blute ich auch an einigen Stellen, weil sie mir so zusetzen. Der Schwächste in der Gruppe zu sein, tja, das macht keinen Spaß.«

Der Kleine Bär nickte. »Ja, genau so ist das, der Kleinste und Schwächste in einer Gruppe wird für alles Schlechte und Böse verantwortlich gemacht, selbst wenn er völlig unschuldig ist. Und tatsächlich ist er fast immer unschuldig. So ist das halt leider ... Was soll man da machen?«

»Da muss man was machen«, sagte Fips und ballte die Faust. »Siehst du nicht die blauen Flecken von Thilo und seine vielen Wunden am Körper?«

Der Kleine Bär nickte zustimmend. Nach kurzem Zögern pfiff er Sam herbei [längere Sprechpause, bis Sam herbeikommt]: »Hör mal, Sam, woher weißt du denn, dass ausgerechnet Thilo den Ball weggetan hat? Hast du es mit eigenen Augen gesehen?«

Sam schüttelte den Kopf: »Nein, gesehen habe ich zwar nichts, aber es ist doch klar, dass es Thilo war – oder?«

»Wieso ist das klar?«, hakte der Kleine Bär nach.

»I-i-ich«, stotterte Sam, »i-ich weiß auch nicht so ge-genau. Das ist halt so, d-dass das dann immer Thilo ist.«

»Dummer Affenquatsch«, fuhr der Kleine Bär dazwischen.

»Von wegen Affenquatsch!«, protestierte Fips. »Das ist Hyänenquatsch!«

»Na gut«, gab der Kleine Bär zu. »Dann ist es halt Hyänenquatsch. Jedenfalls ist für euch Hyänen immer derjenige der Schuldige, der sich am wenigsten wehren kann, nämlich der Kleinste und Schwächste.«

»Wie bitte?«, fragte Sam ungläubig.

»Du verstehst mich ganz gut! – Tu nicht so, als würdest du nicht kapieren, was ich gerade gesagt habe. Ich erwarte von euch, dass ihr mit dem Mist aufhört und euch fair gegeneinander verhaltet.«

Damit zogen Fips und der Kleine Bär wieder davon.
»Ob unsere Ansprache irgendetwas nutzt?«, fragte sich Fips nachdenklich.
Und tatsächlich geschah noch am selben Abend etwas Schlimmes: Thilo wurde fast tot gebissen von den anderen Hyänen. Es stellte sich heraus, dass es wieder Sam war, der alle anderen gegen Thilo aufgehetzt hatte. Immer noch meinte er, Thilo hätte den Fußball versteckt.
Sarah, die Tierpflegerin der Hyänen, ging streng mit Sam um. Selbstverständlich konnte Sam nicht beweisen, dass Thilo den Fußball geklaut hatte. Und selbst wenn Thilo es getan hätte, durfte man doch nicht mit dem ganzen Rudel über ein Mitglied herfallen.
»Weil du in so furchtbarer Weise für die schlimmen Verletzungen von Thilo verantwortlich bist, musst du für lange Zeit in einen Einzelkäfig. Da kannst du niemanden aufhetzen und niemandem schaden«, entschied Sarah. Das passte Sam gar nicht! In diesem Käfig war es für ihn schrecklich langweilig. Immer musste er zugucken, wie die anderen spielten und viel Spaß hatten.
Zum Glück hatte sich Thilo viel schneller erholt, als alle für möglich gehalten hätten. Doch eine hässliche lange Narbe an der linken Bauchunterseite blieb für den Rest seines Lebens.
Als Sam nach einem Jahr unter strenger Beobachtung wieder aus dem Einzelkäfig herausgelassen wurde, tat er sich sehr schwer mit den anderen Hyänen. Es brauchte fast acht Monate, bis sich das Rudel wieder an ihn gewöhnt hatte und ihn nicht weiter ausgrenzte. Niemals wieder hat Sam jemanden einer Tat beschuldigt, wenn er nicht mit eigenen Augen gesehen hatte, wer der Schuldige war.
Das mit dem Ball klärte sich übrigens auch auf. Er wurde auf dem Dach der Zoo-Cafeteria gefunden. Zufällig hatte damals eine Giraffe mit ihrem langen Hals gesehen, dass es der schussgewaltige Henry war und nicht Thilo, der den Ball dorthin geschossen hatte. Aber das hatten damals alle schnell vergessen,

auch Henry selbst, denn zu dem Zeitpunkt war gerade Feueralarm im Zoo.
»Wir sind ja auch dumm«, meinte Fips zum Kleinen Bären.
»Wieso sind wir dumm?«, brummte der Kleine Bär.
»Wenn mal wieder so was ist, gehen wir gleich zu den Giraffen. Die haben einfach den besten Überblick und kriegen besonders viel mit.«
»Stimmt«, gab der Kleine Bär zu. »Das nächste Mal gehen wir gleich zu den Giraffen und fragen sie aus. Dem armen Thilo wäre jedenfalls viel erspart geblieben, wenn der Ball gleich gefunden worden wäre.«
»Aber«, meinte Fips nachdenklich, »dann hätte Sam das Rudel bestimmt wegen einer anderen Sache gegen Thilo aufgehetzt!«
»Ja, ja, ich kenne das«, stimmte der Kleine Bär zu. »In der Schulzeit war ich immer der Kleinste und Schwächste in der Klasse. Immer war ich für alle Mitschüler der Schuldige, wenn was passiert war. Saublöd ist das ...«
»Ach, tatsächlich?«, wunderte sich Fips. »Dafür ist aber aus dir was Tolles geworden.«
Da musste der kleine Bär laut lachen.

Scheidungskinder/Umzug

»Ich bin Griechin, in Griechenland ist alles besser!« CD

- *Eltern-Information: Wenn Scheidungskinder in eine neue Umgebung umziehen, bleibt ein unbewusster Teil von ihnen oft in der alten Heimat zurück. Diese Geschichte kann helfen, sich ganz auf alles Neue einzulassen. Außerdem ist sie hilfreich für Kinder, die sich im Winter nicht warm anziehen wollen.*
- *Hauptrequisiten: der Kleine Bär, Mama-Bär, drei Bären für Nelly und ihre beiden Eltern, ein gemaltes Bild von einer gefrorenen Pfütze.*
- *Zusätzliche Requisiten: Eisscheibenkratzer, Seelöwen, Spielauto, Teetasse, Bilder aus Griechenland: Meer, Olivenbäume und Ähnliches.*

Der Kleine Bär hat eine Cousine mit Namen »Nelly«. Sie ist die Tochter der Schwester seiner Mutter. Da die Tante vor langer Zeit einen Griechen geheiratet hatte, lebte sie mit ihrem Mann und der gemeinsamen Tochter Nelly in Griechenland. Doch Nellys Mama hatte sich jetzt vom Vater scheiden lassen, und deswegen zog sie nun mit ihrer Tochter wieder zurück nach Bärstadt, wo ihre Heimat war. Nelly jedoch kannte Bärstadt nur von kurzen Urlaubsbesuchen.
Eines Tages klingelte beim Kleinen Bären das Telefon: »Hier ist Nelly, Kleiner Bär, ich komme nächste Wochen Donnerstag um sieben Uhr abends. Ich freue mich, dich nach so langer Zeit endlich einmal wiederzusehen ...«

Der Kleine Bär verstand nichts mehr, rein gar nichts. Doch Mama klärte ihn bald auf. Nelly würde mit der Mutter nach Bärstadt umziehen! Sie hatte schon eine Stelle gefunden, und Nelly würde in eine deutsche Schule gehen.

Der Kleine Bär freute sich, denn er mochte seine Cousine.

Es war November, die Blätter fielen bei jedem Windstoß immer zahlreich von den Bäumen. Und morgens musste Mama oft schon Eis von den Autoscheiben kratzen.

Am Flughafen gab der Kleine Bär seiner Cousine einen dicken Kuss auf die Wange und drückte sie ganz herzlich. Auch Nelly freute sich. Doch schon bald merkte der Kleine Bär, dass Nelly etwas zurückhaltend war. Manchmal hatte man den Eindruck, sie sei gar nicht richtig da.

Einmal, als Nelly den Kleinen Bären im Zoo besuchte und sie gerade bei den Seelöwen standen, fragte er sie direkt: »Manchmal habe ich das Gefühl, du schwebst da oben in den Wolken und wärst gar nicht richtig da. Bist du mit deinen Gedanken woanders?«

»Ich bin in Gedanken noch in Griechenland ...«, seufzte Nelly. Doch dann sagte sie selbstbewusst: »Ich bin Griechin. In Griechenland ist alles besser: Es ist viel wärmer als hier, die Leute sind fröhlicher und tanzen mehr, außerdem schmeckt der Wein viel besser.«

»Du trinkst schon Wein? Das ist doch nichts für Kinder!«, sagte der Kleine Bär erstaunt.

»Nein, ich nicht, aber Papa. Papa ist Grieche, und der beste Wein der Welt kommt aus Griechenland, das weiß doch jedes Kind!«

»Ach so«, sagte der Kleine Bär.

»Ich hoffe, ich kann bald wieder nach Griechenland zurück!«, meinte Nelly.

»Meine Mama hat aber gesagt, dass deine Mama hier eine neue Stelle gefunden hat. Also werdet ihr jetzt bei uns leben und nicht in Griechenland.«

»Ach, das ist doch alles egal. Wir werden bestimmt bald wieder nach Griechenland ziehen ...«

Der Kleine Bär schüttelte den Kopf: »Das glaube ich nicht, aber in den nächsten großen Ferien kannst du bestimmt Urlaub in Griechenland machen.«
»Nein, nein«, protestierte Nelly lautstark. »Wir ziehen ganz bestimmt in ein paar Wochen wieder nach Griechenland.«
Der Kleine Bär hielt es jetzt für besser, dieses Thema nicht mehr anzuschneiden.
»Platsch!«, machte es da plötzlich. Einer von den Seelöwen war gerade ins Wasser gesprungen und hatte Nelly etwas nass gespritzt.
»Kalt ist es schon genug, und jetzt bist du auch noch nass geworden«, sagte der Kleine Bär.
»Aber nein«, schüttelte Nelly den Kopf, »es ist doch nicht kalt.«
»Na ja, immerhin zeigt unser Zoothermometer sechs Grad plus, und Mama hat heute Morgen Eis von der Autoscheibe gekratzt. Und du läufst tatsächlich noch mit T-Shirt herum ...! Hoffentlich wirst du nicht krank!«
Nelly lachte und lachte und klopfte sich mit der Hand auf ihr lilafarbenes T-Shirt: »Ich und krank ... Da lachen ja die Hühner. Ich war das letzte Mal vor drei Jahren krank. Ich werde nie krank.«
»Wir sind hier nicht in Griechenland«, sagte der Kleine Bär. »Dort kann man sich jetzt noch sonnen und sogar im Meer schwimmen gehen. Aber hier«, wandte der Kleine Bär ein, »hier zieht man sich im Herbst und im Winter warm an.«
»Du redest vielleicht ein dummes Zeug! Ich bin doch Griechin – die Griechen werden nicht krank, ganz egal, wie kalt oder warm es ist!«
Der Kleine Bär schniefte: »Dass Griechen nie krank werden, das ist wohl ein Weihnachtsmärchen!«
Nelly rollte die Augen: »Zeig mir lieber den Schimpansen Fips und die Elefantendame Anne, von der du mir so oft nach Griechenland geschrieben hast.«
Die beiden verließen die Seelöwen und schlugen den Weg zu den Elefanten ein.

»Flutsch!«, machte es plötzlich, und Nelly lag ausgestreckt auf dem Boden. Sie hatte nicht auf den Gehweg geschaut und war an einer vereisten Stelle ausgerutscht.
»Aua, auuuu!«, jammerte sie erbärmlich.
Der Kleine Bär reichte ihr die Hand zum Aufstehen: »Vereiste Stellen auf dem Weg, so was gibt's in Griechenland vermutlich nur alle zehn Jahre mal. Aber hier im Zoo muss man um diese Jahreszeit täglich mit so was rechnen.«
Nelly schlug klatschend ihre Handflächen aufeinander: »Verdammt noch mal, ich will wieder nach Griechenland. Dann passiert so ein Quatsch nicht.«
Die beiden setzten ihren Weg fort. Nun zeigte der Kleine Bär seiner Cousine nicht nur, wo und wie er im Zoo arbeitete, sondern er zeigte ihr auch alles andere, was interessant im Zoo war. Die beiden vereinbarten, dass Nelly am nächsten Tag noch einmal vorbeikommen sollte.
Tatsächlich kam Nelly am nächsten Tag wieder. Der Kleine Bär erkannte sie kaum noch. Sie sah aus, als würde sie zur Nordpolar-Expedition aufbrechen, mit so dicken, warmen Sachen war sie angezogen. Nicht zur übersehen war vor allem ein knallroter dicker Wollschal, den sie sich um den Hals gebunden hatte.
»Warum ...?«, sprach der Kleine Bär und wollte neugierig fragen, warum Nelly so warm angezogen war, fast etwas zu warm. Doch er konnte seine Frage gar nicht zu Ende sprechen, denn Nelly hustete so laut und lange, dass sie sich an einem Baum festhalten musste.
Nelly deutete auf ihren roten Schal: »Mama hat ihn mir ...« [Der Sprecher hustet.]
Der Kleine Bär nahm seine Cousine erst mal mit in die Cafeteria, wo er ihr einen Pfefferminztee besorgte. Kleinlaut gab Nelly zu, dass auch Griechen krank werden können, wenn sie sich in der Kälte nicht warm genug anziehen.
Der Kleine Bär zwinkerte ihr zu: »Irgendwie dachte ich mir ja schon, dass auch Griechen ganz normale Menschen sind ...«

Die nächsten Wochen und Monate waren für Nelly nicht ganz leicht. Es dauerte ein wenig, bis sie wieder neue Freunde in der Schule gefunden hatte und sich in der Heimat ihrer Mutter wohl fühlte. Der Kleine Bär hat ihr zu Beginn viel geholfen: Er zeigte ihr die Stadtbücherei, wo man Bücher ausleihen konnte, das Schwimmbad, einen tollen Abenteuerspielplatz am Waldrand und viele Sachen mehr. Und wenn Nelly Sehnsucht nach Griechenland hatte, dann kam sie abends zum Kleinen Bären und zeigte ihm Fotos von ihren griechischen Freunden. Da bekam der Kleine Bär so viel Lust auf Griechenland, dass er Nelly versprach, mit ihr im nächsten Urlaub auf die Insel Kreta zu fliegen. Nellys Papa wohnte und arbeitete nämlich auf der Insel Kreta, und er freute sich, nicht nur seine Tochter, sondern auch Nellys Cousin nach langer Zeit endlich mal wiederzusehen.
Schon im nächsten Sommerurlaub saßen der Kleine Bär, sein Onkel und Nelly unter griechischen Olivenbäumen. Sie blätterten Fotos durch. Nelly war stolz, ihrem Papa Bilder von ihren neuen Freunden zeigen zu können.

Patchworkfamilien

Kann Eisbär Benny auch zwei Papas lieb haben?

- *Eltern-Information: für Kinder, die immer leiden, wenn sich ihre Eltern trennen und sie in einem neuen Familienfeld aufwachsen. Oft ergeben sich in Patchworkfamilien Loyalitätskonflikte: Wer darf wen wann lieb haben? Die heilende Erkenntnis: Liebe steht nicht nur in einem begrenzten Umfang zur Verfügung, sondern sie vermehrt sich sogar, je mehr ich ihr erlaube, sich auszubreiten.*
- *Technischer Hinweis: eventuell den Beginn der Geschichte, in der alle Personen vorgestellt werden, zweimal langsam vorlesen. Anschließend sollte man sich versichern, dass die Kinder die »Bären-Patchwork-Konstellation« verstanden haben. Gerade hier ist das Nachspielen mit Tierfiguren besonders empfehlenswert, damit die Kinder die Geschichten-Figuren nicht verwechseln.*
- *Hauptrequisiten: Bärenfiguren für den Kleinen Bären, Anja, Mama-Bär in Australien, Papa-Bär Felix, Eisbärenfiguren für Benny, Eisbär-Papa Freddy, Eisbär-Mama Klara.*
- *Zusätzliche Requisiten: (Hunde-)Schlitten, Flugzeug, Bilder oder geographische Karten für Australien und Kanada, Pfeife, Eisbär-Stiefmutter Silvia für Benny, Plastikfische, Telefon.*

Die Mama vom Kleinen Bären hatte sich kürzlich vom Papa getrennt. Mama-Bär lebte seit neuestem in Australien. Und der Kleine Bär lebte mit seiner Schwester Anja, seinem Papa Felix und dessen neuer Frau Klara zusammen. Klara war eine Eisbärin, und nun war sie die Stiefmama vom Kleinen Bären.

Klara hatte einen Sohn mit in die Familie gebracht, er hieß »Benny«. Der Kleine Bär sagte zu Klara nie »Mama«, sondern »Klara«, weil seine Mama ja in Australien mit ihrem neuen Mann wohnte. Zweimal im Jahr flog der Kleine Bär mit seiner Schwester nach Australien, um seine Mama zu besuchen. Darauf freute er sich immer.

Klara war also nicht die Mama vom Kleinen Bären, sondern einfach die neue Frau vom Papa. Der Kleine Bär fand sie aber sehr nett.

So wie seine Mama Klara war auch Benny ein richtiger Eisbär. Er ging in die vierte Schulklasse. Wenn er die Hausaufgaben fertig hatte, besuchte er oft den Kleinen Bären im Zoo und schaute ihm bei der Arbeit zu.

Benny sagte zu Felix, dem Papa vom Kleinen Bären, nie »Papa«, denn sein richtiger Papa war ja ein Eisbär. Der lebte hoch oben in Kanada und hieß »Freddy«. So wie der Kleine Bär oft zu seiner richtigen Mama nach Australien flog, so flog auch der Eisbär Benny zweimal im Jahr zu seinem lieben Papa nach Kanada.

Eines Tages kam der Kleine Bär vom Arbeiten nach Hause. Benny saß gerade am Tisch und schlang ein paar frische Fische herunter, die er im See gefangen hatte.

Benny fragte den Kleinen Bären: »Hast du eigentlich deinen Papa, den Felix, lieb?«

»Na klar hab ich meinen Papa lieb«, sagte der Kleine Bär.

»Ich hab meinen Papa in Kanada auch lieb, und ich freue mich immer, wenn ich ihn besuchen kann«, sagte Benny.

»Und hast du meinen Papa, den Felix, auch lieb?«, fragte der Kleine Bär.

»Nein«, entgegnete Benny barsch, »ich kann doch nur einen Papa lieb haben, nicht zwei!«

»Das verstehe ich nicht«, sagte der Kleine Bär kopfschüttelnd. »Mein Papa ist doch gar nicht dein Papa, sondern nur der Felix, dein Stiefpapa. Es ist doch gar kein Problem, wenn du deinen Eisbär-Papa in Kanada lieb hast und deinen Stiefpapa Felix ebenfalls. Der Freddy in Kanada bleibt trotzdem immer dein richtiger Papa!«

»Nein, das geht nicht«, antwortete Benny kühl. »Ich kann doch nur einen Papa lieb haben. Wenn ich deinen Papa, den Felix, auch lieb habe, dann ist mein Papa in Kanada bestimmt ganz, ganz böse auf mich.«

»Das glaube ich überhaupt und ganz und gar nicht«, rief der Kleine Bär. »Das nächste Mal, wenn du nach Kanada fährst, möchte ich mit dir mitfahren. Dann fragen wir deinen richtigen Papa einfach, ob das wirklich so ist.«

»Au ja, das machen wir«, klatschte Benny begeistert mit seinen Pfoten. »Dann kannst du endlich meinen Papa auch mal kennenlernen.«

Schon drei Wochen später kam ein Brief vom Eisbär-Papa Freddy. Freddy lebte mit seiner neuen Frau Silvia zusammen. In diesem Brief lud er seinen Sohn Benny ein, mal wieder vorbeizukommen. Benny telefonierte schon am selben Tag mit seinem Vater und fragte ihn, ob er denn Besuch mitbringen dürfe: Der Kleine Bär würde ihn gern mal kennenlernen ... Tatsächlich war das gar kein Problem. Freddy sagte, er freue sich über jeden Besuch. Sie sollten gleich nächste Woche mit dem Flugzeug kommen.

Als der Kleine Bär und Benny in Kanada aus dem Flugzeug stiegen, war es bitterkalt. Doch es schien die Sonne, und ein geheimnisvolles Blau strahlte vom Himmel. Silvia und Freddy holten Benny und den Kleinen Bären vom Flughafen ab. Den ganzen Tag fischten Sie im Eismeer leckere Fische. Der Kleine Bär war zwar kein Eisbär, aber auch er aß gern Fisch.

Am nächsten Tag machten sie eine Schlittenfahrt. Da Freddy absichtlich schnell fuhr, schleuderten sie kräftig, wenn eine Kurve kam. Doch das machte allen viel Spaß. Abends dann saßen sie am Feuer, und Freddy fragte seinen Sohn Benny, wie es ihm denn in Bärstadt gefalle: beim Kleinen Bären, bei seiner Mama Klara und ihrem neuen Mann Felix.

»Ich hoffe, du findest viele neue Freunde und es gefällt dir dort gut«, sagte Freddy zu seinem Sohn Benny.
Benny erzählte von seiner Schule und was er so alles schon erlebt hatte. Zum Schluss sagte Benny dann: »Aber richtig lieb habe ich nur dich, Papa, und Mama Klara, sonst niemanden.«
»Ach je«, seufzte Freddy, »das ist aber furchtbar traurig, wenn du nur mich und Mama richtig lieb hast. Hast du denn den Kleinen Bären, der dich hierher begleitet hat, nicht lieb?«
»Doch, natürlich!«, widersprach Benny.
»Na siehst du«, sagte Freddy. »Und was ist mit deinem Stiefpapa Felix, magst du den auch?«
Benny wusste gar nicht, was er seinem Papa antworten sollte. Und so fragte Freddy weiter: »Wie behandelt dich denn dieser Felix? Ist er böse zu dir? Sagt er schlechte Sachen über dich? Hilft er dir auch manchmal, wenn du ein Problem hast?«
»Fe-Fe-Felix«, stotterte Benny, »Felix hat noch nie etwas Böses zu mir gesagt. Er ist immer freundlich zu mir, außer wenn ich zu viel Quatsch mache im Haus oder im Garten. Dann kann er auch mal streng zu mir sein, so wie Klara.«
Freddy lachte: »Das ist auch gut so! So viel Quatsch lasse ich dir hier in Kanada ja auch nicht durchgehen! Kinder können nicht alles machen, was sie wollen ... Aber Erwachsene müssen sich immer gut um sie kümmern, zum Beispiel was die Schule betrifft, wenn sie krank sind oder auch wenn sie Fragen haben.«
»Doch, doch«, bestätigte Benny. »Der Felix hilft der Klara bei allem, und er freut sich auch für mich, dass ich jetzt wieder zu dir nach Kanada gefahren bin.«
»Na siehst du«, sagte Freddy, »der Felix scheint doch ein ganz netter Bär zu sein, er ist bestimmt so nett wie der Kleine Bär, den du hier mitgebracht hast.«
Der Kleine Bär hatte die ganze Zeit geschwiegen. Doch nun schaltete er sich ein: »Mein Papa ist genauso lieb und nett wie du auch, Freddy. Und übrigens hat Benny letztens gesagt, man könne nur

einen Papa lieb haben, und du, lieber Freddy, du wärest ganz, ganz böse auf Benny, wenn der auch einen anderen Papa oder Stiefpapa lieb hätte.«

Benny wurde ganz rot im Gesicht, was bei einem Eisbären komisch aussieht. Er dachte sich nämlich schon, was sein Papa jetzt antworten würde.

Freddy lachte nur laut und streichelte seinen Benny. Dann zupfte er ihn am Ohr und sagte: »Soll ich euch zweien mal was sagen? Je mehr Bären man in seinem Leben lieb hat, umso besser. Aber man muss immer prüfen, ob derjenige diese Liebe auch verdient hat. Wenn zum Beispiel dieser Felix ganz schlecht mit dir umgeht, Benny, und dich ganz schlecht behandelt, dann ist er es nicht wert, dass du ihn lieb hast. Aber wenn er viel für dich tut und nett zu dir ist – warum sollst du ihn nicht lieb haben? Das wäre doch verrückt, wenn du ihm böse wärest, obwohl er nett zu dir ist – oder?«

Benny nickte: »Du kannst immer so gut erklären, Papa. Jetzt, wo du das alles sagst, verstehe ich es endlich. Es ist ganz einfach: Ich kann alle lieb haben, die gut zu mir sind, und natürlich liebe ich Mama und Papa ganz besonders, aber ich kann auch andere lieb haben.«

»Ganz genau«, schnaufte Freddy. »Wenn du zum Beispiel später mal heiratest und Kinder kriegst, wirst du sie ja auch sehr lieb haben, obwohl sie nicht Mama und Papa für dich sind. Je mehr du im Leben andere liebst, desto mehr Freude hast du. Also trau dich, alle zu lieben, die wirklich deine Liebe verdient haben. Wenn dich aber jemand schlecht behandelt, dann wäre es verrückt, wenn du ihn lieb hättest. Doch du sollst dann nicht hassen. So jemanden lässt du einfach links liegen, du beachtest ihn gar nicht, denn er ist deiner Liebe nicht wert!«

Der Kleine Bär und Freddy grinsten sich an. Mittlerweile waren sie müde geworden. Bald schon lagen sie unter einer gemeinsamen Decke und kuschelten sich aneinander.

»Hier riecht es ein bisschen nach Pfeife!«, rief der Kleine Bär

plötzlich aus. »Ich liebe Pfeifengeruch. Das riecht so geheimnisvoll. Raucht Freddy Pfeife?«
»Ja«, sagte Benny, »mein Vater raucht schon immer Pfeife. Aber er achtet darauf, dass ich seinen Pfeifenqualm nicht direkt einatme. ›So was ist nichts für Kinder‹, sagt er immer.«
»Siehst du«, sagte der Kleine Bär, nachdem sie kurz geschwiegen hatten. »Felix hat vorher gesagt, man kann alle lieben, die man gern hat. Und wenn du meinen Papa, den Felix, auch gern hast, wirst du trotzdem weiterhin immer deinen richtigen Papa lieb haben. Der Felix bleibt ja immer dein richtiger Papa. Felix ist übrigens ziemlich klug. Er weiß nämlich, dass man glücklich wird, wenn man viele lieb haben kann, nicht nur seine Eltern.«
»So wie dich zum Beispiel, du Bärenmonster«, kicherte Benny und stürzte sich auf den Kleinen Bären. Minutenlang kitzelten sie sich unter den Armen.

Bettnässen

Beim Kleinen Bären tropft's rein (CD)

- *Elternhinweise: für bettnässende Kinder. Eltern sollten auch das Kapitel »Bettnässen« in den »Vertiefenden Hinweisen« am Ende des Buches lesen. Hier gibt es wertvolle Tipps im Umgang mit dem Bettnässen.*
- *Hauptrequisiten: Fips, der Affe, der Kleine Bär, Schwester Anja, Elefantendame Anne, Elefantenhaus mit Dach (zum Beispiel mit Legosteinen bauen), Moos, Spachtel.*
- *Zusätzliche Requisiten: Banane, Regenschirm, Pistazien, Erdnüsse, schwarze Schuhcreme für die »schwarze Paste«.*

Einmal kam der Kleine Bär in den Zoo, als Fips, der Affe, ganz aufgeregt vom Elefantenhaus aus auf ihn zulief: »Kleiner Bär, Kleiner Bär, stellt dir vor, bei uns im Elefantenhaus tropft es von oben! Und es riecht auch ein bisschen seltsam.«
Die letzten Tage hatte es viel geregnet. Der Kleine Bär holte sich rasch eine Leiter und kletterte zum Dach hoch. Was er sah, gefiel ihm gar nicht: Überall war dickes Moos, und an einigen Stellen waren tatsächlich kleine Löcher im Dach.
Der Kleine Bär war noch nicht ganz heruntergeklettert, da fragte Fips schon, was denn da oben zu sehen sei. Der Kleine Bär sagte: »Kein Wunder, dass das heruntertropfende Wasser etwas seltsam riecht. Da oben ist viel Moos. Man müsste es wohl mal abkratzen, und die Löcher müsste man dicht machen.«
»Wann machen wir das?«, fragte Fips.
Heute schien strahlend die Sonne über Bärstadt und natürlich auch über dem Zoo.

»Ach, weißt du«, antwortete der Kleine Bär, »heute habe ich irgendwie keine Zeit. Es ist so viel zu tun! Ich kümmere mich die nächsten Tage darum.«
Fips hatte nichts dagegen einzuwenden und ließ sich vom Kleinen Bären drei Bananen und einige Pistazienkerne geben.
Auch am nächsten Tag schien über Bärstadt die Sonne. Am dritten Tag war es bewölkt. Nachmittags hingen sogar richtig schwere dunkle Wolken über der Stadt, doch es regnete immer noch nicht. In der Nacht aber schüttete es wie aus Kübeln.
Am darauffolgenden Tag kam der Kleine Bär morgens im strömenden Regen zum Zoo und lief auf sein geliebtes Elefantenhaus zu. Doch da bot sich ihm ein komischer Anblick: Auf dem Dach des Elefantenhauses saß Fips mit einem riesigen orangefarbenen Regenschirm. Mit der anderen Hand aß er eine Banane. Das sah ziemlich lustig aus, und so standen einige Kinder vor dem Elefantenhaus und zeigten mit den Fingern aufs Dach.
Der Kleine Bär winkte Fips zu und ging ins Haus. Es roch überhaupt nicht gut, und von oben tropfte es jetzt zwar kaum noch, aber unten war ein riesiger See entstanden. Doch dann war es, als ob irgendjemand auf einen Knopf im Himmel drückte: Nach nur fünf Minuten hörte es auf zu regnen. Fips kam samt orangefarbenem Regenschirm herunter und stöhnte: »Weißt du, wie lange ich schon da oben sitze und den Regen abhalte? Mir ist der Arm schon ganz steif vom Regenschirmhalten ...«
»Oh, du Armer«, sagte der Kleine Bär gefühlvoll. »Da bekommst du eine Extraportion Pistazien oder Erdnüsse. Heute müssen wir da oben tatsächlich was machen, denn so langsam haben wir hier ein Problem.«
»Und wie lösen wir das Problem?«, fragte Fips neugierig.
»Wenn du willst«, meinte der Kleine Bär, »gebe ich dir einen Spachtel zum Abkratzen des Mooses, und außerdem gebe ich dir so was Ähnliches, wie es im Märchen ›Frau Holle‹ vorkommt.«
»Du meinst das Märchen mit dem fleißigen und dem faulen Mädchen?«

»Genau«, nickte der Kleine Bär. »Die Faule wird doch am Schluss mit Pech übergossen. Das ist so ein zähes schwarzes Zeug. Mit Pech kann man solche Löcher wunderbar abdichten!«
»Das macht mir Spaß!«, rief Fips begeistert. »Löcherabdichten macht mir Spaß! Dann wird es endlich nicht mehr nass bei uns, und natürlich wird es dann auch nicht mehr stinken.«
Der Kleine Bär ging zum Bauhof des Zoos, wo es alle möglichen Baumaterialien gab. Dort bekam er eine schwarze Paste. Zum Glück hielt das Wetter heute, und so konnte Fips gleich hinauf aufs Dach steigen, mit einem Spachtel das Moos abkratzen und alle Löcher gewissenhaft abdichten.
Als alles fertig war, schien sogar kurz die Sonne.
»Der liebe Gott meint es gut mit uns«, scherzte Fips. »Der macht es noch mal kurz warm, damit oben auf unserem Dach alles gut trocknet.«
Anne, die Elefantendame, war nicht nur ein ziemlich kluger Elefant, sondern sie hörte auch gern Radio. Im Elefantenhaus musste der Kleine Bär ihr oft das Radio anmachen, damit sie auf dem Laufenden blieb. Natürlich hörte Anne heute insbesondere den Wetterbericht. Jedem, der hereinkam, erzählte Anne, dass es in der kommenden Nacht schlimm regnen würde.
»Ob das mal gutgeht?«, seufzte Fips. »Ich habe doch gerade alles erst abgedichtet – ob das so schnell schon funktioniert ...?«
Der Kleine Bär grinste: »Hast du keine Lust, dich mit dem tollen Regenschirm aufs Dach zu setzen heute Nacht – so zur Vorbeugung?«
Fips schlug mit dem Schwanz auf den Stuhl: »Nein, ich habe Vertrauen in meine gute Arbeit. Ich weiß, dass ich das gut gemacht habe.«
Der Kleine Bär hatte im Zoo Feierabend und ging nach Hause. Bald schon gab es Abendessen. Plötzlich trommelte ein heftiger Regen gegen das Küchenfenster.
»Oje«, brummte der Kleine Bär und schaute seine Schwester Anja ängstlich an. »Ob das reparierte Dach hält ...?«

Anja wusste natürlich gar nicht, worum es ging. Der Kleine Bär erzählte Anja, was in den letzten Tagen im Elefantenhaus passiert war.

Am Tag darauf kam der Kleine Bär mit tropfender Jacke im Zoo an. Immer noch regnete es. Ängstlich schlich er sich ins Elefantenhaus. Doch alles war bestens! Fips kuschelte sich an die Heizung und knackte Nüsse. Er grinste: »Alles ist trocken. Ich hab eben gute Arbeit geleistet!«

»Das hast du, Fips!«, bestätigte der Kleine Bär und nahm sich eine Handvoll Pistazien. Ja, es stimmte: Das Dach des Elefantenhauses hielt in Zukunft allen Regengüssen stand.

Träume und Alpträume

Mit dem Kopf durch die Wand

- *Eltern-Information: sich an Träume und Alpträume erinnern; lernen, bei Schwierigkeiten um Hilfe zu bitten; sich beim Arbeiten und Lernen entspannen; Umzugsängste. Für Kinder etwa ab dem neunten Lebensjahr. Der Text lässt sich auch so kürzen und vereinfachen, dass man ihn jüngeren Kindern erzählen kann. Den Ausdruck »mit dem Kopf durch die Wand« sollte man jüngeren Kindern vorher erklären.*
- *Hauptrequisiten: der Kleine Bär, Schwester Anja, Zahnbürste, orangefarbene Zimmerwand (selbst herstellen aus Pappe oder Ähnlichem), weißes Kaninchen, Elefantendame Anne, Gruppe von Gorillas.*
- *Zusätzliche Requisiten: Papierblock, Stift, Taschenlampe, Wecker, Zoodirektor, zwei Figuren für die Männer von der Stadtverwaltung, Aktenköfferchen.*

Diese Geschichte spielt zu einer Zeit, als der Kleine Bär noch nicht mit dem Eisbären Benny, seinem Stiefbruder, zusammenlebte. Damals wohnte beim Kleinen Bären noch nicht die Stiefmutter Klara, sondern seine Mama, die jetzt in Australien ist.

Der Kleine Bär lag im Bett und wälzte sich unruhig hin und her. Es war schon fast Zeit, aufzustehen, doch der Wecker hatte noch nicht geklingelt. Immer unruhiger wurde der Kleine Bär und stieß sich heftig mit dem Kopf an der Wand.

»Aua«, schrie der Kleine Bär. »Ich glaub, ich träume«, murmelte er, während er mit geöffneten Augen die orangefarbene Zimmer-

wand anschaute. Schläfrig und etwas verwirrt quälte sich der Kleine Bär ins Badezimmer. Dort wusch er sich, putzte sich die Zähne und zog sich an. Dann ging er zum Frühstücken.
Da Papa und Mama schon weg waren, saß nur die Schwester des Kleinen Bären unten in der Küche und nippte an ihrem Kakao.
»Du siehst so zerknatscht aus!«, sagte Anja zur Begrüßung.
Der Kleine Bär gähnte und rieb sich Zahnpastareste aus den Mundwinkeln: »Was bin ich? Zerknatscht? Wo hast du denn dieses komische Wort her? Das habe ich noch nie gehört ... Haben das deine Freundinnen in der Schule erfunden?«
»Nein«, lachte Anja, »aber du siehst wirklich komisch aus heute Morgen, nicht so frisch und munter wie sonst.«
»Das kann schon sein«, meinte der Kleine Bär gähnend. »Ich stehe heute neben mir. Normalerweise putze ich die Zähne ja immer erst nach dem Frühstück und nicht vorher. Aber heute bin ich so verwirrt, dass ich es schon gleich nach dem Aufstehen gemacht habe.«
»Was ist denn passiert?«, fragte Anja neugierig.
»Ich glaub, ich habe geträumt«, sagte der Kleine Bär.
»Vermutlich war es nichts Schönes, sondern etwas, was dir Angst gemacht hat«, meinte Anja stirnrunzelnd. »Kannst du dich denn nicht erinnern?«
»Nein«, gab der Kleine Bär zur Antwort.
»Schade«, seufzte Anja. »Erst wenn du dich an den Traum erinnerst, kannst du dich mit ihm beschäftigen.«
»Das ist aber dumm!«, schniefte der Kleine Bär. »Ich erinnere mich an gar nichts mehr, nichts, außer dass ich meinen Kopf an der Wand angeschlagen habe.«
»Du armer Kleiner Bär«, hauchte Anja und streichelte ihm über den Kopf. »Warum willst du auch immer mit dem Kopf durch die Wand?«
»Mach dich ruhig lustig über mich«, fauchte der Kleine Bär. »Du weißt bestimmt auch nicht, was du heute Nacht geträumt hast.«
»Weiß ich wohl!«, gab Anja frech zurück. »Ich habe geträumt,

dass ich mit einem roten Schlitten einen riesigen Berg hinuntergefahren bin. Das hat ganz doll Spaß gemacht! Der Wind pfiff durch meine Haare, und ich flitzte nur so die Piste runter.«
Der Kleine Bär ließ den Kopf hängen: »Was mache ich denn nur falsch? Wieso kann ich mich denn nicht an meine Träume erinnern?«
»Ganz einfach, du hast dich noch nie dafür interessiert, ich aber schon. Alles ändert sich, wenn du neugierig auf deine Träume bist. Wenn du morgens wach wirst, frag dich immer sofort, was denn letzte Nacht los war!«
»Ach ja, so, so ...«, winkte der Kleine Bär ab. »Das ist mir zu anstrengend. Aber du solltest später mal Traumärztin werden! Und jetzt muss ich wirklich losgehen zum Zoo!«
»Und ich muss schleunigst zur Schule«, stöhnte Anja, nachdem sie erschrocken auf ihre Uhr geblickt hatte.
Der Kleine Bär hatte anschließend im Zoo einen ganz normalen Tag. Aber am nächsten Morgen schlug er sich schon wieder an seiner orangefarbenen Zimmerwand den Kopf an.
»Aua!«, schrie der Kleine Bär. »Wie mache ich das denn, dass ich mich morgens an meine Träume erinnere?«, brummte er später beim Frühstück mit Anja.
»Da gibt es zwei Möglichkeiten«, grinste Anja. »Du setzt dein Kuscheltier auf den Nachttisch und guckst ihm in die Augen. Dann sagst du ihm, dass es dir am nächsten Morgen sofort den Traum der letzten Nacht ins Ohr flüstert oder dich auf andere Weise daran erinnert. Und dann gibt es noch eine zweite Möglichkeit für alle, die schreiben können: Man legt sich einen Papierblock und eine Taschenlampe direkt auf den Nachttisch. Dann sagt man zu sich selbst beim Einschlafen: ›Als Erstes werde ich mich morgen früh an meinen Traum erinnern und ihn aufschreiben.‹«
»Das ist mir zu blöd!«, hustete der Kleine Bär. »Ich probiere es lieber mit meinem Kuscheltier, dem weißen Stoffkaninchen. Ich werde es direkt heute Abend auf meinen Nachttisch legen und ihm sagen, dass es mich an meine Träume erinnern soll.«

Anja fand das gut. Sie erzählte, dass sie letzte Nacht von riesigen leckeren Pizzastücken geträumt hatte. Da war Gemüse drauf, das es im wirklichen Leben gar nicht gab. Und dieses Gemüse schmeckte unglaublich lecker.
»Können wir unsere Träume nicht einfach tauschen?«, meinte der Kleine Bär neidisch.
»Oh, lieber nicht«, meinte Anja abwehrend. »Ich will mir doch nicht morgens den Kopf anschlagen!«
Im Zoo war dann später wieder alles ganz normal. Doch da gab es noch ein kleines, interessantes Gespräch, das der Kleine Bär mit der Elefantendame Anne führte. Anne hatte dem Kleinen Bären gesagt: »Du musst dich, nachdem du dir den Kopf angestoßen hast, einfach wieder auf dieselbe Körperseite legen, auf der du vorher gelegen hast. Dann machst du die Augen zu, und du wirst sehen, du erinnerst dich sofort an den Traum.«
Am nächsten Morgen stieß sich der Kleine Bär schon wieder kräftig den Kopf an seiner orangefarbenen Zimmerwand. »Aua!«, jammerte er. »Mir wächst bald ein Horn am Kopf, wenn das jeden Tag so weitergeht«, war sein erster Gedanke.
Doch dann erinnerte er sich an das, was Anne gesagt hatte. So legte er sich schnell wieder auf seine rechte Körperseite und schloss die Augen. Und tatsächlich kamen ihm jetzt die Erinnerungen aus dem Traum. Er sah, wie er mit einem Helm und Bergsteigerschuhen an den Füßen wütend mit einem Schwert in der Hand auf einen Turm aus Papieren, Notizblöcken und Büchern losrannte. In dem Moment, wo er mit dem Helm und dem Kopf voran auf die Papierwand traf, war er wach geworden. Dann schmerzte der Kopf – nicht der Kopf im Traum, sondern der wirkliche Kopf, der an die wirkliche Zimmerwand angeschlagen war! So musste es auch die letzten Tage gewesen sein, weil er sich jeden Morgen den Kopf an der Wand gestoßen hatte. Ja, er hatte immer denselben Traum gehabt. Leider ist die orangefarbene Wand im Schlafzimmer aber härter als die Papierwand aus dem Traum!

»Tja«, meinte Anja schmunzelnd beim Frühstück, als ihr der Kleine Bär den Traum erzählte. »Ich hab's ja gewusst. Du willst wirklich mit dem Kopf durch die Wand. Die Frage ist aber, um genau welches Problem es sich handelt. Bei welcher Sache, bei welcher Aufgabe willst du mit brutaler Gewalt ein Problem lösen?«
»Woher soll ich das denn wissen?«, brummte der Kleine Bär ärgerlich.
»Wer außer dir soll das wissen? Vielleicht fragst du mal deine kluge Elefantendame im Zoo. Die kennt dein tägliches Leben besser als ich!«
Genau das machte der Kleine Bär. Später im Zoo erzählte er Anne den Traum und fragte sie, was denn das alles zu bedeuten habe.
Anne hörte aufmerksam zu und hielt sich dann den Bauch vor Lachen. Wenn Anne lachte, dann wackelten die Wände des Elefantenhauses.
»Alles ist ja ganz klar«, lachte Anne.
»Nur mir ist mal wieder nichts klar«, grummelte der Kleine Bär.
Anne schwang ihren Rüssel in die Höhe: »Träume sagen oft etwas aus über die Situation, in der wir gerade leben. Das machen sie oft in sehr lebendigen und farbigen Bildern, damit wir es auch begreifen.«
»Wenn ich dich nicht hätte, Anne ...«, sagte der Kleine Bär. »Aber jetzt sag mir doch, worum, um alles in der Welt, es bei meinem Traum geht!«
Anne schwang wieder ihren Rüssel dramatisch in die Höhe: »Hast du noch nicht gemerkt, dass du oft Kopfschmerzen hast wegen des neuen Gorillageheges?«
Der Kleine Bär schüttelte den Kopf. Nein, das war ihm noch gar nicht aufgefallen! Vor vier Wochen war der Zoodirektor gekommen und hatte ihm den Bau eines neuen Zuhauses für die Gorillas übertragen. Diese Arbeit war viel schlimmer und anstrengender, als der Kleine Bär sich das jemals vorgestellt hatte ... Dauernd kamen irgendwelche Männer in schwarzen Anzügen und schwar-

zen Aktenköfferchen von der Stadtverwaltung Bärstadt. Diese komischen Menschen machten dem Kleinen Bären Vorschriften, wie denn dieses Gorillagehege gebaut werden durfte. Schon mehrmals musste er alle seine Pläne über den Haufen werfen. Und fast täglich bekam er Wutanfälle, weil es nicht so vorwärtsging, wie es sollte.
»Von uns Elefanten kann man lernen«, schmunzelte Anne. »Lernen, alles mit Ruhe und Gemütlichkeit zu machen. Statt dich dauernd zu ärgern, dass dir andere das Leben so schwermachen, solltest du deine Haltung ändern. Probier's doch mal mit Ruhe und Gemütlichkeit! Geh zum Zoodirektor, sag ihm, wie schwer das alles ist und dass du jetzt endlich Hilfe brauchst! Für dich allein ist das neue Gorillagehege doch eine zu große und schwere Aufgabe.«
Dem Kleinen Bären kamen jetzt fast die Tränen: »Du hast ja so recht, Anne! Ich habe mich nicht getraut, dem Zoodirektor zu sagen, dass es mir zu schwer wird. Ja, er soll mir jemanden zur Unterstützung an die Seite stellen.«
»Genau«, trompetete Anne. »Du wolltest die letzte Zeit mit dem Kopf durch die Wand. Am liebsten wärst du schon vor zwei Wochen mit dem Gorillagehege fertig gewesen. Aber so was braucht Zeit, Geduld und eine ruhige Hand ...«
»Meine Schwester Anja hatte recht«, murmelte der Kleine Bär. »Ich wollte mit dem Kopf durch die Wand.« Dann lachte er: »Jetzt probiere ich es mit Ruhe und Gemütlichkeit!«
Wie es weiterging mit dem Kleinen Bären? Ganz einfach: Der Kleine Bär ging zum Zoodirektor, der sofort viel Verständnis für ihn aufbrachte. Er meinte sogar, der Kleine Bär hätte viel früher mit all diesen Problemen zu ihm kommen sollen. Jedenfalls hat der Zoodirektor persönlich mit den Männern in den schwarzen Anzügen gesprochen. Alle Probleme wurden aus dem Weg geräumt. Der Kleine Bär brauchte sich nur noch um das Bauen zu kümmern. Mit Ruhe und Gemütlichkeit wurde das Gorillagehege in sechs Wochen fertig. Da freuten sich die Gorillas, dass sie end-

lich umziehen konnten, denn das neue Gehege war viel größer und schöner als das alte.
Und die Träume des Kleinen Bären? Tja, der Kleine Bär stieß sich nie mehr morgens den Kopf an seiner orangefarbenen Zimmerwand. Aber hin und wieder erinnerte er sich an seine Träume. Zusammen mit Anja und Anne bekam er oft heraus, was sie ihm zu sagen hatten.

Der Hai, der Eintrittsgeld zahlen musste

- *Eltern-Information: für Kinder, die Alpträume haben. Wichtig für das Kind ist es, spielerisch in Kontakt mit den Monstern oder bedrohlichen Tieren zu kommen. Eltern können diese Geschichte gern so verändern, dass sie zu den Alpträumen des Kindes passt. Weitere Hinweise zu Alpträumen finden sich in den »Vertiefenden Hinweisen« am Schluss dieses Buches. Dieser Geschichte sollte unbedingt »Mit dem Kopf durch die Wand« vorausgehen! Außerdem eignet sie sich für vorlaute Kinder und für Kinder mit Flugangst.*
- *Hauptrequisiten: Zookassiererin Lisa, der Kleine Bär, Schwester Anja, Elefantendame Anne, Fips, der Affe, Hai, Kuscheltier Grizzly (großer Bär).*
- *Zusätzliche Requisiten: Postkarte oder Zeichnung mit Delphinen, Fünfeuroschein, einige Euromünzen, selbstgebastelte Zoo-Eintrittskarte, Spielautos, kleine Häuser, Flugzeug.*

In der Mittagspause kam Lisa, die Zookassiererin, völlig aufgelöst zum Kleinen Bären. Der Kleine Bär war gerade fertig geworden, Anne mit dem Wasserschlauch abzuspritzen. Ihr gefiel dieses Abspritzen so gut, dass sie immer dreimal laut trompetete, wenn der Kleine Bär das Wasser aufdrehte.

»Ich habe einen schrecklichen Alptraum, der fast jede Nacht wiederkommt«, klagte Lisa.

»Oje, du Arme! – Aber man muss wissen, dass Träume sehr wichtig für uns sind«, sagte der Kleine Bär. »Sie haben uns etwas über die Art unseres täglichen Lebens zu erzählen ...«

Anne dreht sich um und blickte zu Lisa: »Weißt du, der Kleine Bär ist nämlich der Traum-Fachmann des Zoos. Niemand kennt sich so gut mit Träumen aus wie der Kleine Bär ...«

Der Kleine Bär wurde ganz rot im Gesicht: »Nein, das stimmt gar nicht, meine Schwester Anja und auch Anne sind viel erfahrener,

wenn es um Träume geht. Erzähl nur Anne den Traum, sie hat mir auch schon weitergeholfen!«
Lisas rechte Hand zitterte: »Mir wird ganz anders, wenn ich an meinen Traum denke, ich bekomm richtig Angst.«
»Du brauchst dich nicht zu fürchten«, sagte Anne mit tiefer, beruhigender Stimme. »Die Träume kommen aus deinem Inneren. Eigentlich können sie dich auch gar nicht verletzen, außer wenn du es so dumm anstellst wie der Kleine Bär. Der wollte nämlich mit dem Kopf durch die Wand und hat sich dabei mit seinem richtigen Kopf an seiner Zimmerwand angeschlagen.«
Lisa musste schmunzeln: »Wetten, dass der Kleine Bär sich an einer orangefarbenen Wand den Kopf angeschlagen hat? Orange ist doch deine Lieblingsfarbe, Kleiner Bär, oder?«
Der Kleine Bär nickte verlegen: »Ohne Annes Hilfe würde mir sicherlich schon ein orangefarbenes Horn auf dem Kopf wachsen.«
Alle lachten. Jetzt mischte sich auch Fips, der Affe, ein: »Ich glaube, Kleiner Bär, so ein orangefarbenes Horn würde dir ganz gut stehen. Wir wären dann der einzige Zoo auf der ganzen Welt, der einen Bären mit einem solchen Horn hat ... Da würden wir dann noch viel mehr Besucher bekommen als jetzt!«
»Nun erzähl aber deinen Traum«, forderte Anne Lisa auf.
»Da kommt immer nachts ein schrecklicher Haifisch mit langen, blitzenden, spitzen Zähnen. Der schwimmt schnell auf mich zu und will mich beißen. Da wird mir so übel, dass ich vor lauter Angst schweißgebadet aufwache ...«
»Huuh, das ist ja noch schlimmer als mein Traum mit der Papierwand, durch die ich immer durchwollte«, meinte der Kleine Bär erschrocken.
»Das klingt alles viel schlimmer, als es ist«, beruhigte die Elefantendame Anne. »Lisa, jetzt erzähl mir bitte was über deine Stärken: Was kannst du gut?«
»Das Geld kann ich gut und schnell an der Kasse zählen ...«, antwortete Lisa.

»Nein, so was meint Anne nicht«, mischte sich der Kleine Bär ein. »Anne meint mehr, ob du gut Fahrrad fahren kannst, stricken oder zeichnen und so was ...«
Anne trompetete laut dazwischen: »Du vorschneller Kleiner Bär, lass mich mal allein mit Lisa reden! Das war schon ziemlich gut, was Lisa da aufgezählt hat! Lisa kann gut rechnen und Geld zählen!«
Lisa nickte erleichtert.
»Und was ist dein Kuscheltier?«, fragte Anne weiter.
»Mein Kuscheltier ist ein Grizzlybär aus Plüsch. Der ist so mächtig, groß und stark ... Er sitzt immer an meinem Bett.«
»Prima!«, trompetete Anne. »Der Grizzly schläft ab sofort in deinem Bett, wenn du einverstanden bist – und du gibst ihm den Auftrag, diesem dummen Hai eins auf die Mütze zu geben, wenn er nachts kommt. Ist das eine gute Idee?«
»Das ist eine supertolle Idee«, seufzte Lisa befreit auf.
»Und dann«, Anne lächelte listig, »dann fragst du den Hai, wenn er kommt, ob er schon sieben Euro fünfzig Eintritt gezahlt hat. Denn ohne sieben fünfzig kommt er nicht in dein Bett. Dein Bett ist nämlich dein Bereich, den du so bewachst wie hier den Zoo. Auch in den Zoo kommt niemand rein ohne Eintritt.«
»Aber Haie haben doch gar keine Euros bei sich?«, wunderte sich Lisa.
»Ganz genau, Lisa, deswegen muss er ja auch draußen bleiben«, triumphierte Anne.
»Dass ich da nicht von selbst drauf gekommen bin ...!«, wunderte sich Lisa ein zweites Mal.
»Wie du siehst, ist deine Kassenrechnung ganz einfach: Grizzlybär plus Eintrittsgebühr ist gleich Haiverbot. Tja, der dumme Hai, er muss leider, leider draußen bleiben«, brummte Anne vergnügt.
»Wieso leider, leider?«, hakte Lisa nach.
»Na ja«, grunzte Anne, »vielleicht hätte er dir ja noch etwas Inter-

essantes mitzuteilen, bevor er auf Nimmerwiedersehen verschwindet. Weißt du, so ganz umsonst war er ja bestimmt nicht so oft bei dir. Irgendwas will er dir bestimmt sagen …«

»Meinst du wirklich?«, piepste Lisa mit hoher Stimme und rollte die Augen.

Der Kleine Bär nickte schelmisch, »Ganz bestimmt ist das so, bei mir war es ähnlich …«

Wieder trompete Anne laut: »So. Und jetzt, Lisa, schließ die Augen [längere Sprechpause], und stell dir vor, dein Kuschelbär, also dein Grizzlybär, sitzt neben dir [längere Sprechpause] und schützt dich vor allem Bösen.«

Lisa atmete tief durch, und ihr Gesicht strahlte: »Au ja, neben meinem Grizzly fühle ich mich total geschützt! Nichts und niemand kann mir was tun!«

»Klasse machst du das!«, rief Anne aufmunternd.

»Ja, wirklich klasse«, bestätigte der Kleine Bär.

»Super, wundervoll machst du das!«, klatschte Fips, der Affe, begeistert in die Hände.

»Was ihr nicht sagt, ihr beiden«, stöhnte Anne. »Vielleicht habt ihr ja Lust, mit Lisa weiterzumachen.«

»Ach, nicht nötig«, lachte der Kleine Bär. »Du machst das gar nicht so schlecht!«

»Also, Lisa«, machte Anne jetzt weiter und schaute Lisa liebevoll an. »Jetzt rufst du den Hai, dass er zu dir kommt.«

»Meinst du wirklich?«, sagte Lisa etwas verunsichert. »Ich mag Haie eigentlich ganz und gar nicht.«

»Aber es ist wichtig«, sprach Anne in bestimmendem Ton. »Außerdem hast du ja den Grizzly neben dir, so dass du gut geschützt bist.«

»Stimmt«, nickte Lisa. »Mein Grizzly könnte den Hai mit einem Tatzenhieb zerschmettern.«

»Genau«, freute sich Anne. »Deswegen kannst du den Hai jetzt unbesorgt herbeirufen.«

Lisa rief nun den Hai, und dieser kam auch tatsächlich.

»Seine großen schrecklichen Zähne blitzen fürchterlich«, schauderte es Lisa, die immer noch die Augen geschlossen hatte.
»Das mag ja alles sein«, Anne lächelte schon wieder listig. »Aber die große Frage ist, ob er neun Euro fünfzig dabeihat. Denn dein Bett ist dein Bereich, da kommt nur rein, wer Eintritt zahlt, genauso wie hier im Zoo.«
Jetzt rief der Kleine Bär dazwischen: »Die Frage ist aber vielmehr, ob der Hai *sieben* Euro fünfzig dabeihat, nicht neun Euro fünfzig.«
»Ja, ja, ist ja alles richtig«, gab Anne zu. »Hat also der Hai sieben Euro fünfzig dabei?«
»›Hast du sieben Euro fünfzig dabei?‹«, fragte Lisa mit zitternder Stimme den großen Hai mit den scharfen Zähnen.
In Lisas innerer Welt fing der Hai plötzlich an zu weinen. Lisa lieh dem Hai ihre Stimme, und so flüsterte sie, was der Hai gerade sagte: »›Ich bin doch ein armes Schwein! Jetzt hab ich schon so große, scharfe, spitze Zähne, und die nützen mir gar nichts. Trotzdem muss ich deinen Eintritt zahlen! Das ist so hundsgemein! Liebe Lisa, kannst du mich denn nicht einfach ohne Eintrittsgeld hereinlassen?‹«
Anne trompetete: »Gut machst du das, Lisa!«
»Supertoll!«, bestätigte der Kleine Bär.
»Phantastisch, wie der Hai Angst vor dir kriegt!«, ergänzte Fips. »Gib ihm jetzt eins auf die Mütze!«
»Ja, ja, wir wissen es ja schon ...«, stöhnte Anne genervt und wandte sich dann wieder Lisa zu. »Und jetzt frag den Hai, weswegen er nachts immer zu dir wollte.«
Lisa gab sich einen Ruck. In ihrer Vorstellung legte sie eine Hand auf die Tatze des Grizzlybären, um seine ganze schützende Kraft zu spüren. Dann fragte Lisa den Hai, was er eigentlich bei ihr zu suchen hatte.
Lisa hatte immer noch die Augen geschlossen und sprach mit dem Hai. Dann verkündete sie: »Der Hai hat mir etwas ganz Unglaubliches gesagt. Er sei nur deswegen jede Nacht gekommen,

um mir zu sagen, dass ich gar keine Angst vor dem Fliegen haben müsse. Nächsten Monat fliege ich nämlich mit meinen Eltern nach Amerika. Vor diesem langen Flug mit so einem großen Jet habe ich riesige Angst. Und der Hai meint nun, ich brauche gar keine Angst zu haben, denn Fliegen sei viel sicherer als Auto-, Ski- oder Zugfahren.«

»Toll!«, rief Anne aus. »Toll, dass du so einen freundlichen Hai hast, der dir die Angst vorm Fliegen nehmen will. Ich vermute, du bist vorher noch nie mit dem Flugzeug geflogen.«

»Ja, das stimmt«, antwortete Lisa. »Aber jetzt weiß ich ja, dass ich gar keine Angst haben muss.«

»Ist doch gut, dass wir den Hai noch mal zu Wort haben kommen lassen«, sagte Anne. »Wenn so fürchterliche Wesen uns im Traum Angst machen, wollen sie uns eigentlich etwas Hilfreiches sagen.«

»Wer hätte das gedacht?«, warf Fips, der Affe, dazwischen.

Der Kleine Bär zwinkerte Lisa schelmisch zu: »Habe ich dir nicht eine supertolle Traumberatung gegeben?«

»Ja, du hast Lisa ganz großartig beraten«, stimmte Anne lachend ein. »Was würde Lisa nur ohne den Kleinen Bären machen?«

Wie es mit Lisa weiterging? Lisa hat nie mehr von einem Hai geträumt. Fast fand sie das schade, denn am Schluss dachte sie, der Hai sei doch ganz nett. Immerhin hatte er ihr die Flugangst genommen.

Übrigens bekamen Fips, Anne und der Kleine Bär eine Urlaubskarte aus Amerika. Auf dieser Karte waren Delphine aus Florida zu sehen. Lisa hatte geschrieben: »Hallo, Ihr Lieben! Fliegen ist etwas ganz Wunderbares! Tief unter einem sieht man Berge und Meer. Alle Häuser und Autos sind sooo winzig klein. Ich freue mich schon auf den Rückflug, denn dann kann ich dieses tolle Fluggefühl noch einmal erleben. Und natürlich freue ich mich auf das Wiedersehen mit euch dreien im Zoo. Bis bald – eure Lisa!«

Religiöse Einstellung

Anja und die Amsel

- *Eltern-Information: zur Glaubensvertiefung, über Schutzengel, Straßenverkehr. Gerade bei dieser Geschichte ist es wichtig, mit dem Kind über das Gehörte zu sprechen. Insbesondere ihr Schluss lädt dazu ein, sich tiefergehende Gedanken zu machen.*
- *Hauptrequisiten: Amsel, der Kleine Bär, Schwester Anja, Mama-Bär, Zebrastreifen (zum Beispiel Spiel-Verkehrsteppich), roter Sportwagen, Baum.*
- *Zusätzliche Requisiten: Babypuppe.*

Diese Geschichte spielt zu einer Zeit, als beim Kleinen Bären noch nicht der Stiefbruder Benny und die Stiefmutter Klara wohnten, sondern seine Mama, die jetzt in Australien lebt. Eines Tages, es war Juni, saßen Mama, Anja und der Kleine Bär im Garten auf der Bank.

»Ist der Schutzengel eigentlich immer neben mir?«, fragte Anja.

»Ja, das ist er«, gab Mama zur Antwort. »Wenn wir an ihn glauben und zu ihm beten, ist er besonders nah bei uns.«

»Und wieso, Mama, kann ich den Schutzengel nicht sehen, obwohl ich doch jeden Tag zu ihm bete?«, bohrte Anja.

»Weißt du«, antwortete Mama, »es gibt so viele Sachen, die man nicht sehen kann und die doch da sind. Zum Beispiel kannst du ja auch den Wind nicht sehen – oder?«

Während Anja nachdachte, meldete sich der Kleine Bär: »Der unsichtbare Wind kann manchmal so mächtig werden, dass die Wellen im Meer sich meterhoch auftürmen und ganze Landstriche überschwemmen. So stark und mächtig kann das Unsichtbare sein!«

»Genau«, nickte Mama. »Allerdings macht der Schutzengel meist keinen Wind. Aber er kann sich in unseren Gedanken melden. Zum Beispiel müssen wir an etwas Bestimmtes denken, und wir merken gar nicht, dass uns Gott oder der Schutzengel diesen Gedanken eingegeben hat. Zum Beispiel kann es sein, dass ein Kind große Angst hat, etwas im Straßenverkehr zu tun. Da bleibt es einfach stehen – und einige Sekunden später passiert an dieser Stelle etwas Schlimmes. Dieses unbestimmte Warngefühl hat uns dann der Schutzengel eingegeben.«

»Kann jedes Kind den Schutzengel spüren?«, versuchte Anja die Mama auszuquetschen.

»Leider nein«, seufzte Mama. »Viele Eltern zweifeln selbst an Gott und den Schutzengeln. Deswegen beten sie auch mit ihren Kindern wenig. Und wenn man nicht zum Schutzengel spricht, dann hat man natürlich auch nur sehr wenig Kontakt mit ihm. Wie soll der Engel sich einem verständlich machen, wenn man ihn immer links liegen lässt?«

Anja nickte stumm, während Mama weitersprach: »Wenn du zum Beispiel ein Mädchen aus England triffst, aber du hast in der Schule kein Englisch gelernt, dann kannst du es überhaupt nicht verstehen. Ihr könnt euch dann nur über Zeichen- und Körpersprache verständigen. Es wird dir vermitteln können, dass es Hunger und Durst hat, aber für viel mehr wird es nicht reichen. So ist es auch mit dem Schutzengel: Die Verbindung zu ihm will geübt sein.«

Plötzlich wurde Anja aufgeregt: »Heute Morgen ist was Komisches passiert. Vielleicht hat das ja auch mit dem Schutzengel zu tun?«

»Erzähl!«, rief Mama gespannt.

»Ich ging zur Schule wie immer. Doch ich bin nicht so, wie sonst, nach dem Links-und-rechts-Schauen direkt über den Zebrastreifen gegangen, sondern ich musste plötzlich einfach stehen bleiben. Eine Amsel saß am Bordstein und schrie so laut, dass ich mich nicht mehr traute, über den Zebrastreifen zu gehen.«

»Na, so was«, rief der Kleine Bär. Auch er war jetzt aufgeregt.

»Ich habe natürlich geschaut, ob die Amsel verletzt war. Aber sie war nicht verletzt. Sie stellte sich mir in den Weg und schrie aus Leibeskräften. Und dann ...«, Anja zuckte während des Sprechens etwas, »... dann knallte es laut. Ein Autofahrer war mit seinem roten Sportwagen auf der anderen Straßenseite an einen Baum gerast. Die Leute haben gesagt, das sei einer, der dauernd trinkt und trotzdem Auto fährt.«

»Wieso hast du das denn nicht erzählt, als du nach Hause gekommen bist?«, rief Mama, sie war wie aus dem Häuschen.

Anja kratzte sich verlegen: »Ich weiß auch nicht, ich hab's einfach vergessen ... Ich glaube, es war so schlimm für mich, dass ich es erst mal vergessen musste.«

»Ja«, rief der Kleine Bär. »Dein Schutzengel hat auf dich aufgepasst.«

Mama atmete tief aus: »Wenn du über die Straße gegangen wärst wie immer, dann wärst du jetzt vielleicht tot. Aber dein Schutzengel hat auf die Amsel eingewirkt, und über die Amsel hat er dich erreicht! Der Schutzengel wird nicht nur aktiv, indem er sich in deinem Denken meldet. Er kann sich durch andere Menschen und auch durch Tiere bemerkbar machen. Manchmal nimmt er die Umwelt in seinen Dienst, um Kindern zu helfen.«

»Genau«, bestätigt der Kleine Bär. »Je mehr Vertrauen wir zu Gott haben, desto mehr unterstützt er uns im Leben mit seinen Helfern. Wer sich aber nie zum Himmel wendet, wie soll der Hilfe erhalten?«

»Manche in meiner Schulklasse lachen über Schutzengel und Gott«, sagte Anja.

Der Kleine Bär kratzte sich verwundert am Kopf und sagte: »Wieso sollte man über Gott und den Schutzengel lachen? So was Dummes käme mir nie in den Sinn.«

Mama schaute nachdenklich drein: »Die meisten Erwachsenen

haben wenig Bezug zum Göttlichen. Viele schauen nur auf Geld und Erfolg im Leben, alles andere ist ihnen egal. Ich hoffe, dass ihr beiden immer auf das Herz der Menschen und auch auf euer eigenes Herz schaut! Wenn ihr das schafft, dann ist euch Gott immer nah.«

Anja rollte die Augen, als wenn sie aus einem Traum erwachte: »Dann kann ein Mensch auch dann Gott nahe sein, wenn er nicht betet. Wenn er sich auf die Liebe und auf sein Herz konzentriert, dann sind Gott und der Schutzengel dennoch bei ihm?«

»Natürlich«, antworteten Mama und der Kleine Bär gleichzeitig wie im Duett.

Mama lächelte verschmitzt: »Und dennoch freut sich Gott, wenn er vom Menschen persönlich angesprochen wird, und der Schutzengel auch. Dass wir von Gott herkommen und wieder zu ihm zurückkehren, werden wir im Tod erfahren. Warum sollten wir aber so lange warten, um diese Erfahrung zu machen? Es ist doch gut, wenn man sich noch während des Lebens auf das Wichtige ausrichtet. Das Wichtige liegt aber jenseits von teuren Autos, Macht und Erfolg – am Ende zählt ganz allein, ob du geholfen hast, die Liebe und das Mitgefühl auf dieser Erde zu vermehren.«

Der Kleine Bär nahm Mamas Hand: »Ja, Mama, eigentlich ist alles so einfach! Warum verstehen das so viele Menschen nicht?«

Mama hob die Augenbrauen: »Eigentlich haben sie es nur vergessen. Jeder neugeborene Säugling ist Gott noch ganz nah.«

[Lange Sprechpause.]

»Deswegen leuchten die Augen von Babys so«, sagte Anja, »und alle sind so gerührt, wenn sie sie anschauen! In den Babyaugen winkt uns Gott zu.«

»Genau«, bestätigte Mama-Bär.

In diesem Moment setzte sich eine Amsel direkt vor die drei, die noch auf der Bank saßen. Neugierig wandte der Vogel den Kopf hin und her und blickte zur Mama. Die Amsel zwitscherte laut und flog dann wieder weg.

»Unglaublich«, meinte der Kleine Bär kopfschüttelnd.
Mama schaute abwechselnd ihre beiden Kinder an: »Ihr könnt jetzt glauben, dass das Zufall war. Aber für mich ist es keiner!«
Anja und der Kleine Bär stimmten ihrer Mutter zu. Auch für die beiden war das jetzt kein Zufall.

Leo erzählt von Afrika

- *Eltern-Information: Diese Geschichte ist eher für ältere Kinder geeignet, etwa ab neun Jahren. Vermittelt wird religiöse Toleranz. Es zählt, ob man ein Herz für Mensch und Tier hat, und nicht, ob man Gott im Munde führt. Auch jemand, der nicht an Gott glaubt, kann ihm sehr nahe sein. Gerade bei jüngeren Kindern sollte man sich versichern, dass sie alles verstanden haben! Was ist ein »Priester« bzw. »Missionar«? Was hat der Priester von den Wilderern gefordert? Warum steht der atheistische, schwarze Arzt Gott näher als der Priester? Bei dieser anspruchsvollen Geschichte lohnt es, sich anschließend darüber auszutauschen.*
- *Hauptrequisiten: Leo, der Löwe, der Kleine Bär, Schwester Anja, Fips, der Affe, Figuren für mehrere Wilderer, den weißen Missionar und den schwarzen Arzt, mehrere Elefanten und Löwen, Gewehre, Polizeiauto mit Männern.*
- *Zusätzliche Requisiten: Gefängnis, afrikanische Steppe (Bilder).*

Leo, der alte Löwe, hatte schon viel erlebt. Seine Augen wirkten oft etwas traurig, vor allem dann, wenn er seinen Zuhörern von Afrika erzählte. An einem schönen Sommerabend war es wieder so weit. Leo machte es sich an seinem Wasserloch auf der Löwenanlage gemütlich. Wer zuhören wollte, setzte sich einfach dazu.

Viele kamen vorbei, auch Fips, der Affe, und natürlich der Kleine Bär. Nur Anne, die Elefantendame, kam nicht. Denn Leos Geschichten rührten sie so zu Tränen, dass sie sich das lieber ersparen wollte. Anne kam aus demselben Teil Afrikas wie Leo, und so wusste sie alles von seinen schrecklichen Erlebnissen. Auch Anne hatte nämlich ganz Ähnliches durchgemacht.

Leo hatte in Afrika eine große Familie gehabt. Doch eines Tages

tauchten Wilderer auf. Das sind böse Menschen, die Tiere totschießen, nur um Geld zu verdienen. Sie nehmen das Fell der Löwen oder das Elfenbein der toten Elefanten, um sie zu verkaufen. Schon viele Löwen und auch Elefanten waren getötet worden, da kamen plötzlich Polizisten. Sie versuchten, die Wilderer zu fangen, doch diese waren immer ein bisschen schneller und konnten sich retten. Da die Polizisten bei ihrer Suche nicht weiterkamen, gingen sie zum Priester in die Kirche. Man nannte ihn auch »Missionar«.
»Dieser Priester war ein seltsamer Typ«, berichtete Leo. »Denn er sprach viel von Gott und Schutzengeln, er betete dauernd und sang tolle Lieder. Trotzdem war er ein ganz böser Mensch.«
»Warum war er denn ein böser Mensch?«, fragte der Kleine Bär.
»Ganz einfach«, meinte Leo schniefend. »Er hat uns alle ans Messer geliefert, die Elefanten und auch uns Löwen. Nur wenige haben das Morden überlebt, zum Beispiel Anne und ich ...«
»Ja, was hat denn der Priester und seine Kirche damit zu tun?«, unterbrach ihn Fips.
»Tja«, meinte Leo, »dieser Kirchenmensch ging zu den Wilderern und versprach ihnen, dass er sie vor der Polizei schützen und ihre Namen nicht verraten würde. Sie sollten ihm nur einen kleinen Gefallen tun.«
»Da bin ich aber gespannt«, sagte der Kleine Bär, »was das für ein Gefallen war.«
»Also, dieser Priester«, erzählte Leo weiter, »hat den Wilderern gesagt, sie sollten von ihrer afrikanischen Religion lassen und dafür den christlichen Glauben annehmen. Dafür würde er sie alle vor der Polizei schützen. Außerdem sprach der Priester sie noch von den Folgen ihrer schrecklichen Verbrechen frei.«
»Unglaublich!«, stöhnte der Kleine Bär.
Und auch seine Schwester Anja, die diesmal mitgekommen war, war entsetzt: »Dieser Kirchenmann hat Gott verraten und die Tiere. Die Tiere sind doch auch Geschöpfe Gottes!«
»Ach, ihr werdet es nicht glauben«, seufzte Leo. »Dieser Priester

glaubte, er habe jeden Tag direkten Kontakt mit Gott. In Wirklichkeit war er ein Lügner. Wie kann jemand, der Gott in sich lebendig fühlt, so etwas machen? Doch dann geschah ein kleines Wunder. Es kam ein schwarzer Arzt in unsere Gegend. Er tat viel Gutes für die kranken Kinder, und schnell hatte er auch herausgefunden, warum plötzlich die ganze Steppe übersät war mit abgeschlachteten Löwen und zahnlosen toten Elefanten. Als er die Namen der Wilderer erfahren hatte, meldete er sie sofort der Polizei. Und tatsächlich wurden sie dann ganz schnell verhaftet und kamen für lange Zeit ins Gefängnis.«

»Kam der böse Priester auch ins Gefängnis?«, fragte der Kleine Bär.

»Nein«, entgegnete Leo traurig, »der hat einfach so getan, als habe das alles nichts mit ihm zu tun. Er meinte, er habe sie ja alle zu Gott geführt, das sei doch die Hauptsache ... Und wisst ihr«, wandte sich Leo an seine Zuhörer, während sein langer Schwanz sanft auf den Boden schlug, »wisst ihr, was dieser schwarze Arzt von Gott hielt? [Sprechpause.] Nichts! Gar nichts! Er sagte, er glaube nicht an Gott und Schutzengel. Das war alles ›Quatsch‹ für ihn. Aber wenn ihr mich fragt, dann hatte er tausendmal mehr Gottesliebe in sich als dieser schreckliche Priester.«

»An was hat denn der Arzt geglaubt, wenn nicht an Gott?«, fragte Fips neugierig.

»Ganz einfach«, antwortete Leo, »er sagte immer einen Spruch: ›Was du nicht willst, dass man dir tu, das füg auch keinem andren zu.‹ Das war sein ganzer Glaube. Er ging weder zu den afrikanischen Priestern noch in die christliche Kirche, doch für mich war er Gott unendlich viel näher als die meisten Kirchenleute. Ich verdanke ihm mein Leben, und Anne verdankt ihm auch ihr Leben. In meinem Löwenherzen weiß ich, dass Gott diesen Arzt um vieles mehr liebt als diesen betrügerischen Priester.«

»Das war wirklich eine traurige Geschichte«, dankte der Kleine Bär dem Löwen. »Und wir sehen, dass es oft keine Rolle spielt, was jemand sagt. Es zählt vor allem, wie sich jemand tatsächlich verhält! So verrückt es klingt, kann jemand, der Gott ablehnt, ihm trotzdem sehr viel näher stehen als einer, der sogar in der Kirche Gott vertritt. Seid also wachsam, wenn euch jemand etwas von Gott erzählt. Vielleicht stimmt es, vielleicht ist es aber auch eine Lüge. Und wenn euch jemand sagt, dass ihr vor Gott Angst haben müsst oder dass Gott wütend ist auf euch, dann erzählt derjenige dummes Zeug. Gott ist nämlich die Liebe, die Geduld, das Verzeihen und ...«

»O mein Bruderherz«, stöhnte Anja laut. »Ich glaube, du hättest Prediger werden sollen, statt im Zoo zu arbeiten! Ich sehe dich schon, wie du in der afrikanischen Steppe stehst und predigst.«

Bei dieser Vorstellung mussten alle gackern wie die Hühner, und selbst Leo konnte zum ersten Mal nach langer Zeit wieder laut lachen.

Eine Geschichte für Eltern

»Mama, du bist sooo lustig!«

- *Eltern-Information: Nicht nur die Kinder sollen Fortschritte in ihrer Entwicklung machen! Auch die Eltern sind gefordert, sich immer wieder neu einzufühlen, was denn die Kinder tatsächlich seelisch benötigen. Vor allem brauchen Kinder Eltern, die auch wirklich erwachsene Eltern sind – solche, an die man sich anlehnen kann und die Stärke zeigen. Keinesfalls benötigen sie Eltern, die selbst noch Kind sind und häufig in die Kindrolle schlüpfen. Darunter leiden Kinder sehr!*
  Diese Bärengeschichte ist somit eine für die »Großen«! Das Verhalten der Eltern in dieser Geschichte ist keineswegs zur Nachahmung empfohlen – mit Ausnahme des Schlusses. Da es immer heilend ist, über sich selbst zu lachen, darf man auch diese Geschichte den Kindern vorlesen. Vermutlich findet Ihr Kind, dass dies die beste und lustigste von allen Bärengeschichten ist ...
- *Hauptrequisiten: der Kleine Bär, Figuren für die Familie (Papa, Mama, Sabrina, Daniel).*
- *Zusätzliche Requisiten: Pommes-frites-Stengel, Ketchup, Zeitung, Zoo-Cafeteria mit Tischen und Stühlen, Limonadenglas.*

Eines Tages, es war Ende April, saß der Kleine Bär mittags mit der Zoozeitung in der Hand auf einer Bank, die draußen vor der Zoo-Cafeteria stand. Da die Sonne schien, aßen fast alle Zoobesucher im Freien an den aufgestellten Tischen und Bänken.

Ein kleiner Junge, er hieß Daniel, stritt dauernd mit seiner Mama Mathilde. Am Tisch saßen noch Schwester Sabrina und Papa Peter. Der Kleine Bär ließ die Zoozeitung sinken und schaute gebannt zu, wie Daniel seine Familie in Atem hielt. Daniel gurgelte mit seiner Limonade, dass es nur so spritzte.
»Daniel!«, ermahnte ihn die Mama. »Jetzt hör auf. Hör sofort auf, sonst geh ich mit dir nie mehr in den Zoo! Wenn du jetzt nicht brav bist, dann passiert was!«
»Mir doch egal!«, antwortete der freche Bengel. »Bei uns im Garten gibt's auch Tiere!«
»Ich erbitte mir einen anderen Ton!«, brüllte die Mama drohend und erhob ihren schlanken Zeigefinger.
Daniel fing an zu pfeifen und zu singen: »Ist das ein guter Ton?«, fragte er grinsend.
»Ich halte es nicht mehr aus mit diesem Kind, ich halte es nicht mehr aus. Gleich passiert was mit dir!«
Daniel trat seine Schwester ans Bein und grinste teuflisch.
»Aua!«, schrie Sabrina sofort auf. »Mama, der Daniel hat mich ans Bein getreten.« Sabrina fing an zu weinen.
»Mensch, Peter, sag du doch auch mal was, ich kann nicht mehr«, rief die Mama flehend und schaute zum Papa.
Peter, der Papa, kratzte sich am Vollbart: »Meine Vorschläge taugen ja sowieso nichts, sagst du immer. Ich habe es aufgegeben. Du verwöhnst den Jungen ja nur, jetzt kannst du die Suppe auch auslöffeln, die du dir eingebrockt hast.«
»Nein, du bist unfair! Ich fühle mich überhaupt nicht unterstützt in der Kindererziehung«, giftete die Mama und warf den Kopf nach hinten.
Der Kleine Bär faltete jetzt seine Zoozeitung zusammen und beschloss, sie später zu Ende zu lesen. Das, was vor ihm ablief, war für ihn spannender als jede Zeitung und jeder Krimi.
»Ach, Mathilde«, seufzte Peter. »Ich habe es schon längst aufgegeben, es dir recht zu machen.«
»Mensch, Mama, Mensch, Papa, ihr kriegt jetzt von mir die rote

Karte«, beklagte sich Sabrina. »Müsst ihr denn immer in unserer Gegenwart streiten? Ihr benehmt euch wie kleine Kinder!«
Daniel lachte. »... wie kleine Kinder!«, wiederholte er meckernd wie eine Ziege und verschluckte sich dabei. Vor lauter Lachen ergoss sich dann ein sprühender Limonadenregen über den Tisch.
Mama Mathilde raufte sich die Haare. »Hör ... end-lich ... ahauf! Es passiert sonst was!«, brüllte sie Daniel an.
Der Junge kicherte nur vor sich hin: »Ist irgendwas, Mama?«, rülpste er laut. »Habe ich irgendetwas nicht richtig gemacht?«, hauchte er anschließend unschuldig wie ein Lamm.
»Er sieht wirklich aus wie ein kleiner Engel mit seinen kurzen, goldenen Haaren«, dachte der Kleine Bär bei sich. »Aber in diesem Bengel steckt ein kleiner Teufel. Mal schaun, wie er seine Mama jetzt weiter erzieht.«
»Bei Tisch rülpst man nicht, man spritzt nicht mit Limonade rum, man tritt seine Schwester nicht ans Bein«, listete die Mama Daniels Sünden auf.
Daniel grinste schon wieder: »Aber eins hast du vergessen, Mama: Man brüllt nicht am Tisch. Das hast du selbst gestern noch gesagt. Also brüll nicht immer so laut, Mama.«
Mama Mathilde bekam einen hochroten Kopf und verpasste Daniel eine Ohrfeige, dass es nur so knallte.
»Nur du bist schuld, dass ich so brülle!«, gab sie zurück.
»Du bist so gemein!«, schrie Daniel weinend. »Du hast gestern Abend bei dem Linseneintopf dreimal gesagt, dass man bei Tisch nicht rumbrüllen soll. Und jetzt ist alles wieder falsch ... Außerdem gehe ich jetzt zur Polizei. Was du mit mir machst, ist Kindesmisshandlung. Haben dir Oma und Opa nicht beigebracht, dass man keine Kinder schlagen darf? Sogar in der Schule haben wir das letzte Woche gelernt. Das sage ich jetzt meiner Lehrerin.«
»Das wirst du nicht tun!«, brüllte Mathilde. »Sonst, sonst ...«
»... sonst tötest du mich, Mama?«, hauchte Daniel sanft wie ein Lamm. »Aber Mama, du kannst doch gar kein Blut sehen! Außer-

dem kommst du doch dann ins Gefängnis. Wäre das nicht schade? Der Papa wär bestimmt ganz traurig!«
Papa Peter konnte ein Grinsen nicht unterdrücken.
»Ich werde verrückt mit diesem Kind«, keuchte Mathilde, und ihre Fingernägel gruben sich in ihre Wangen ein. Unaufhörlich schüttelte sie den Kopf. »Ich bring mich um! Ich kann mich nur umbringen bei so einem Teufelsbraten als Sohn«, stammelte sie.
»Ich muss mal pieseln gehen«, sagte Papa Peter mit gelangweilter Miene und stand auf.
»Ich gehe mit«, sagte Sabrina hustend und stand ebenfalls auf.
Daniel knabberte an seinen Pommes frites und grinste listig. Dann nahm er einen Schluck Limonade und blickte in den blauen Himmel.
Der Kleine Bär grinste ebenfalls. »Dieser Bengel ist mit der Erziehung seiner Mama noch nicht am Ende. Sein listiges Lächeln zeigt, dass er wieder was im Schilde führt«, dachte der Kleine Bär bei sich. Kaum hatte der Kleine Bär seinen Gedanken zu Ende gedacht, da landete ein Ladung Ketchup auf seiner Nase.
Daniel hatte auf Mathilde geschaut, die schwer atmete und voller Wut auf ihn war. Dann hatte er eine besonders lange Pommes von seinem Teller geangelt und viel Ketchup auf die Spitze geschoben. Geschickt hatte Daniel den Pommes-frites-Stengel dann als Flitzebogen benutzt und den Ketchup verschossen – direkt auf die Nase des Kleinen Bären.
Der Kleine Bär kratzte den Ketchup von der Nase und leckte ihn vom Finger, während er lachte und zu Mathilde rief: »Halb so schlimm! Besser, der Ketchup landet auf meiner Nase als auf der Hose!« Der Kleine Bär ließ sich heute nämlich die Laune von nichts und niemandem verderben.
»Du Monster!«, schrie die mittlerweile schon heisere Mathilde ihren Sohn an. »Ich lasse dich hier im Zoo! Du Monster. Ich halte das nicht aaauuus. Wer hilft mir? Ich kann nicht mehr!«, jammerte Mathilde und griff sich mit der Hand ans Herz.

Der Kleine Bär kniff sich in die Nase. »Verdammt, muss ich jetzt auch noch einen Arzt rufen?«, murmelte er leise vor sich in.
In diesem Moment kamen Peter und Sabrina von der Toilette zurück. Sabrina hatte alles mitbekommen und hielt sich den Bauch vor Lachen. Sie kam näher an den Tisch und konnte gar nicht mehr aufhören zu lachen.
Mathilde hob ihren zitternden Kopf zu ihrer Tochter: »Du Biest, wieso lachst du, wenn ich mit deinem Bruder schimpfe? Ihr seid ja alle gegen mich! Alle sind gegen mich!«
Sabrina konnte gar nicht mehr aufhören zu lachen. Schließlich beruhigte sie sich doch noch und sagte: »Mama, du bist sooo lustig! Es war einfach witzig, als ich gesehen und gehört habe, wie du Daniel angeschrien hast. [Den folgenden Satz relativ schnell sprechen:] Du hast mich gerade an dieses nervige zweijährige Mädchen aus der Kindergeschichte erinnert, die wir letztens im Fernsehen gesehen haben. Du bist einfach sooo lustig, Mama, wenn du rumbrüllst. Du bist wie ein kleines Baby, genau wie diese kleine Jeannette im Film, die immer ihre Mama nervt. Das darfst du mir nicht übel nehmen, dass ich da lache. Du bist einfach köstlich, Mama. Wenn wir dich nicht hätten ...!«
Jetzt wurde die Mama ganz rot im Gesicht: »Wirst du wohl dein freches Mundwerk halten, du Göre! Du kriegst jetzt eine Strafe! Ich bin doch die Einzige hier, die versucht, Ordnung in diesen Saftladen zu bringen. Und ihr seid alle geschlossen gegen mich. Von Peter ist sowieso nichts zu erwarten, und jetzt bist du plötzlich auch noch gegen mich«, Mathilde seufzte schwer und weinte bitterlich. »Ich gehe nach Kanada, ganz allein ...« Sie ließ schluchzend ihren Kopf auf den Tisch sinken. Ihre langen schwarzen Haare schimmerten im grellen Licht der Sonne.
Da stand der Kleine Bär auf und stellte sich neben Mathilde. Er strahlte übers ganze Gesicht und neigte sich zu ihr herab: »Das Leben ist schön, Mathilde, glaub's mir.«
Die Mama erhob sich wieder und schaute auf. Zuerst war sie ver-

wirrt und erschreckt, doch das breite Lächeln des Kleinen Bären beruhigte sie. Zart begann auch sie zu lächeln.
»Mit diesen Kindermonstern soll das Leben schön sein?«, fragte sie genervt.
»Ja!«, sagte der Kleine Bär und grinste. »Mathilde, du hast die wundervollsten Kinder auf der ganzen Welt. Sie versuchen dir nur ein klein wenig zu helfen, dass du eine mutige, starke Mama wirst. Das ist auch schon alles. Ansonsten seid ihr eine ganz normale Familie.«
Mathilde weinte jetzt schon wieder, diesmal aber aus Freude. »Wirklich?«, hauchte sie.
»Ja«, sagte der Kleine Bär ermutigend.
»Endlich mal jemand, der uns Kinder versteht«, strahlten Sabrina und Daniel, und auch Peter musste grinsen.
Er legte den Arm um Mathilde, gab ihr einen Kuss auf die Wange und sagte: »Siehst du, alles ist ganz normal. Wenn du mich jetzt noch ab und zu auch mal ans Familiensteuer lässt, sind wir als Elternteam unschlagbar.«
Nun lachten alle.
»Kann ich noch etwas Ketchup haben?«, meldete sich Daniel da zu Wort ...

Vertiefende Hinweise

Wie die »richtige« Geschichte im Zuhörer »arbeitet«

Die Geschichten in diesem Buch sind allgemein gehalten, so dass sie möglichst vielen Kindern helfen können. In meiner Praxis dagegen bemühe ich mich immer, sie dem Betreffenden individuell auf den Leib zu schneidern, damit sie möglichst gut passt.
In den ersten Jahren meiner psychotherapeutischen Tätigkeit habe ich häufig vor allem Erwachsenen Geschichten erzählt. Oft war ich selbst verblüfft, wie gut diese Methode wirken kann. Es folgt hier das Beispiel von Iris, die seit Jahren aus Angst nicht mehr auf der Autobahn gefahren ist.
Der Kontakt mit ihr kam über das Telefon zustande. Sie wollte einen Termin in meiner Praxis vereinbaren. Sie erzählte, sie könne die 300 Kilometer zu mir leider nur auf der Landstraße fahren und dafür brauche sie fast einen ganzen Tag. Auf der Autobahn dagegen wären es nur drei Stunden gewesen. Aber sobald sie auf die Autobahn fahre, bekäme sie Panikattacken.
Damals war ich erst ein Jahr psychotherapeutisch tätig und erzählte meinen Klienten gern kleine Geschichten, wie der amerikanische Hypnotherapeut Milton Erickson es getan hat. Also sagte ich zu Iris: »Ich kann mir gut vorstellen, wie Ihnen zumute ist. Vor kurzem hatte ich eine Klientin, der ging es genauso wie Ihnen. Sie war sogar acht Jahre nicht mehr auf der Autobahn gewesen. Dann musste sie eine so weite Reise unternehmen, dass sie sich vor Schrecken ausmalte, wie lange sie da unterwegs wäre. Sie dachte sich: ›Ich mache einen kleinen Test – ich kenne hier in der Nähe eine Autobahnauffahrt, wonach dann zwei Kilometer später die nächste Ausfahrtmöglichkeit kommt. Ich fahr einfach

mal drauf, und wenn ich anfange zu zittern und mir der Schweiß ausbricht, fahre ich einfach im ersten oder zweiten Gang auf der Standspur die zwei Kilometer bis zur nächsten Ausfahrt und dann wieder auf die Landstraße zurück ...‹«

Ich bildete mir ein, durch das Telefon hindurch den offenstehenden Mund von Iris zu sehen.

»Ach ja«, sagte sie schüchtern. »Wirklich erstaunlich, aber bei mir würde das sicherlich nicht funktionieren.« Sie ließ durchblicken, dass sie von der Geschichte letztlich nicht beeindruckt war: »Ich komme zu Ihnen und nehme mir für die Fahrt ganz viel Zeit! Anschließend kann ich dann ja im Ort übernachten und morgens wieder nach Hause fahren. Das ist es mir wert!«

Zwei Wochen später kam Iris zu dem von ihr gewünschten letztmöglichen Tagestermin. Sie strahlte mich beim Händeschütteln an: »Stellen Sie sich vor: Ich bin den ganzen Weg hierher auf der Autobahn gefahren! Ich hab's einfach ausprobiert – einfach so!«

Iris ist nach Jahren wieder auf der Autobahn gefahren; und zu ihrem allergrößten Erstaunen war sie ganz ruhig geblieben und einfach an den einzelnen Ausfahrten weitergefahren. Sie wusste, dass nach einigen Kilometern die nächste kam ... Und tatsächlich konnte sie so relativ entspannt eine sehr weite Strecke fahren!

Die therapeutische Rechnung war aufgegangen: Sinn des Ganzen war, einen Impuls zu setzen: »Was diese andere Frau nach immerhin acht Jahren so einfach an einem einzigen Tag geschafft hatte, das könnte mir doch vielleicht auch gelingen!«

In der Hypnotherapie-Ausbildung hatte ich gelernt, dass man zum Segen für den Ratsuchenden Geschichten erzählen kann, um in seinem Unbewussten ebenjenen Impuls zu setzen, den er braucht. Die hier dargestellte Begebenheit hatte sich, einige Monate bevor Iris anrief, tatsächlich bei einer meiner Klientinnen ereignet! Es drängte sich geradezu auf, diese – wahre! – Geschichte einzusetzen.[2]

Ähnlich »arbeiten« die Geschichten bei Kindern. Hat Ihr Kind beispielsweise Angst vor Reck und Barren im Turnunterricht?

Versuchen Sie, eine Geschichte zu erfinden, die geeignet ist, seine Angst vor dem Turnen abzubauen.

Alpträume bei Kindern

Da Kinder viel spontaner als Erwachsene sind, kann man auch mit ihnen zusammen Geschichten entwickeln. Gerade wenn es um Alpträume geht, lasse ich mir stets genau schildern, auf welche Weise und von welchen Gestalten das Kind geplagt wird. Gemeinsam versuchen wir dann, eine ganz neue, lösungsorientierte Geschichte zu entwickeln. Wie das praktisch vor sich geht, zeigt das Beispiel von Anja. Eltern, die ein alptraumgeplagtes Kind haben, können sich von diesem Beispiel inspiriert fühlen, ähnlich kreativ, aber individuell mit dem Kind zusammen nach neuen Umgangsmöglichkeiten mit Monstern und anderen Bösewichtern zu suchen:

Anja, sechs Jahre, Alpträume
Anja konnte seit geraumer Zeit keine Nacht durchschlafen, denn ein böser Drache weckte sie noch vor Mitternacht auf oder ließ sie gar nicht erst einschlafen. Sie erzählte mir mit Händen und Füßen, dass mit dem Drachen nicht zu spaßen sei: Er spucke Feuer, schlage Bäume um, und manchmal brülle er wie ein Löwe. Ziemlich beängstigend sei, dass man dem Drachen nicht zu nahe kommen darf, weil man in seiner Gegenwart immer schwächer werde; man könne sich dann kaum noch wehren.
Anja gibt mir eine Schilderung, was nachts in ihrem Bett passiert: »Ich liege auf meiner linken Körperseite, auf meinem linken Auge. Ich bekomme immer mehr Angst, wenn ich an den Drachen denke. Wenn ich jetzt die Augen aufmachte, dann würden sie mir bestimmt direkt aus dem Gesicht springen.« Nach Mitternacht sei es dann meist nicht mehr so schlimm, denn vor der Gespensterstunde habe selbst der Drache einigen Respekt.

Wer als Therapeut gewohnt ist, mit dem NLP und der Hypnotherapie zu arbeiten, fragt sogleich nach weiteren Möglichkeiten der Einschüchterung des Drachen und vor allem nach Anjas Stärken und Fähigkeiten, die man hier vielversprechend nutzen könnte.
Es zeigt sich, dass Anja ziemlich gut in Computerspielen ist. Außerdem hält sie viel von der Familie der Schlümpfe (Trickfilm), und sie ist auch mit einem starken Geparden befreundet, von dem sie ein Bilderbuch besitzt. Donald Duck, Kängurus und Koalabären mag sie ebenfalls.
Der Gepard scheint Anja und dem Therapeuten die besten Voraussetzungen für eine erfolgreiche Drachenbegegnung mitzubringen. Ich bitte Anja, es sich bequem zu machen und an den Geparden zu denken. Während sie sich immer mehr entspannt, versuche ich, die kraftvolle Beziehung zwischen dem Geparden und ihr zu verstärken. Die Verbindung zwischen den beiden ist sehr gut.
»Wir tun jetzt einfach so, als wärst du zu Hause und würdest bald einschlafen. Wir lassen uns überraschen, was passiert«, sagt der Therapeut. Es zeigt sich, dass Anja in der Nähe des Geparden keine Furcht mehr vor dem Drachen hat. »Vielleicht kommt der Drache noch, vielleicht auch nicht, wart es einfach ab!«, werfe ich ein. Tatsächlich erscheint der Drache nach einer Weile.
Anja macht nun eine ganz erstaunliche Entdeckung: »Jetzt, wo ich neben dem Geparden keine Angst mehr habe, wird der Drache vor mir immer kleiner und kleiner!« Irgendwann wird der Drache so klein wie eine Ameise. Am Ende hat sich der Drache völlig aufgelöst!
»Und jetzt?«, frage ich.
»Alles okay«, gibt Anja freudig zur Antwort.
»Und wenn du nun dem Geparden in die Augen schaust, kannst du auf ganz gemütliche Weise müde werden und einschlafen – heute Abend!« Die letzten beiden Worte wurden als Auftrag an Anja besonders betont.
Mit ihrer Mutter war verabredet, dass Anja zwei- oder dreimal

wegen ihrer Alpträume zu mir kommen solle. Doch diese eine Sitzung hat das Problem dauerhaft und auch vollständig gelöst. Schon in der ersten Nacht nach dieser Sitzung schlief Anja an der Seite ihres Geparden problemlos ein. Nie wieder hat sie der Drache belästigt.

Für Eltern ist es wichtig, die Fähigkeiten und Talente ihres Kindes in solchen Situationen mit einzubeziehen. Indem Eltern auf kreative Weise ihren Kindern lösungsorientierte und bildreiche Geschichten anbieten, reagiert deren Unbewusstes in der Regel positiv darauf.

Gute Erfahrungen lassen sich auch machen, wenn man das von Alpträumen geplagte Kind bittet, seinen Traum als Bild darzustellen. Im nächsten Schritt ist es möglich, das Kind nach eventuellen Helfern zu befragen und diese dann ebenfalls malen zu lassen. Die amerikanischen Kindertherapeuten Joyce Mills und Richard Crowley[3] haben es sich zur Gewohnheit gemacht, die Kinder noch ein drittes Bild anfertigen zu lassen: Wie sieht das Traumbild aus, wenn das Problem gelöst ist? Dieser Schritt setzt weitere wichtige Lösungssuchprozesse in Gang, die die Lösung dann auch dauerhaft sichern sollen, um Rückfälle zu vermeiden. Die im dritten Schritt gemalten Zukunftsbilder kann man im Schlafzimmer des Kindes aufhängen, so dass die gefundenen Lösungen weiterwirken können und das Kind sich bei Bedarf an seine Möglichkeiten zu erinnern vermag.

Allerdings gibt es auch Alpträume, deren man auf die hier geschilderte Weise nicht Herr wird. Wiederkehrende Träume von Ermordeten beispielsweise können auf entsprechende schlimme Schicksale in der Familie hinweisen.[4] Hier sind Familienaufstellungen angezeigt.[5]

Bettnässen

Für viele Kinder beginnt das morgendliche Aufstehen mit der strengen Frage der Eltern: »Na, ist dein Bett heute Morgen trocken?« Das Bettnässen ist ein psychosomatisches Signal, das man nicht übersehen sollte. Mit diesem Symptom reagiert das Kind häufig auf eine große Spannung in der Familie. Wie ich in vielen Fällen beobachtet habe, fühlt das Kind einen starken Konflikt zwischen den Eltern. Nicht selten hat die psychische Spannung des Kindes einen anderen Hintergrund: Beispielsweise hat es durch einen Umzug alle Freunde verloren und ist orientierungslos. Dies gilt insbesondere für Scheidungskinder. Im Bettnässen kommen ungeweinte Tränen der noch nicht bewältigten Elterntrennung zum Ausdruck.

Auch andere soziale Verunsicherungen in Schule oder Kindergarten können sich zuweilen durch Bettnässen ausdrücken. Von diesem durch soziale Änderungen der Lebensumstände ausgelösten Bettnässen sind oft Kinder betroffen, die schon ein oder zwei Jahre »trocken« waren und dann plötzlich wieder einnässen, zum Beispiel unmittelbar nach dem Umzug in eine fremde Stadt. Bei dieser Art von Ursachen bedarf es oft keiner tieferen therapeutischen Arbeit. Allerdings gibt es auch das Einnässen als Zusatzsymptom, begleitet von anderen Verhaltensauffälligkeiten des Kindes. In diesen Fällen ist eine tiefere therapeutische Arbeit hilfreich, zum Beispiel eine kinderpsychologische Behandlung oder eine Familienaufstellung der Eltern für das Kind. Ein anschauliches Beispiel dafür findet sich am Ende dieses Kapitels.

Zunächst möchte ich auf kurzzeittherapeutische Methoden eingehen, die sich beim Bettnässen als erfolgreich erwiesen haben. Allgemein lässt sich feststellen: Bei Angelegenheiten, die Kindern peinlich sind, hat es sich bewährt, auf Druck zu verzichten. So fühlen sich die Kinder mehr geachtet. Von der Hypnotherapie Milton Ericksons und auch von vielen modernen Kurztherapien

kann man lernen, auf achtungsvolle Weise mit Kindern umzugehen. Oft reicht das Erzählen einer Geschichte mit den passenden Metaphern, um im Kind die richtigen Such- und Lösungsprozesse in Gang zu setzen.
Joyce Mills und Richard Crowley beispielsweise haben den Fall des achtjährigen John erzählt, der wegen Bettnässens in Behandlung war. John erhielt von seinem Therapeuten die Anweisung, jeden Abend den Garten seiner Eltern zu bewässern. Dabei sollte er eine Uhr tragen und bestimmte Zeiten einhalten: Zu Beginn sollte er drei Minuten wässern, eine Minute unterbrechen, dann acht Minuten wässern und aufhören. Dieser seltsame Zeitplan wurde dem Jungen mit dem unterschiedlichen Wasserbedarf der Pflanzen »erklärt«. Ziel dabei war, bei John ein klares Gefühl dafür zu entwickeln, dass er umfassende Kontrolle über das Fließenlassen des Wassers hatte.[6]
In diesem Fall wurden »lebendige Metaphern« eingesetzt, bildhafte Übertragungen, die konkret auszuübende Alltagshandlungen zum Inhalt haben und dabei psychische Suchprozesse einleiten.
Milton Erickson hat auf die unterschiedlichste Weise mit bettnässenden Kindern gearbeitet. Fast immer geht es wie in dem obigen Beispiel darum, dem Kind auf unterschwellige Weise zu vermitteln, dass es selbst Kontrolle über seine Körperfunktionen auszuüben vermag.
Dabei kann man dem Kind durchaus über eine ganz *andere* Körperfunktion detaillierte Informationen geben, um zum Ziel zu kommen. Erickson arbeitete beispielsweise einmal mit einem zehnjährigen bettnässenden Jungen. Nach einer längeren Vorrede über das Zusammenspiel von Augen, Händen und Muskeln fragte Erickson: »Hast du dich auch schon einmal gefragt, was die Pupille deines Auges macht, wenn du den Pfeil am Bogen anlegst und ihn spannst? Sie *schließt* sich nämlich.« Er erklärte ihm, dass es kurze, flache, lange und ringförmige Muskeln gebe: So »... wie unten in deinem Bauch, wenn du etwas isst, *schließt* sich dieser Muskel, stößt die Nahrung aus, schließt sich wieder und wartet

auf die nächste Nahrung: Überleg dir mal, wo ist das genau – unten in deinem Bauch, als du noch ein kleiner Junge warst? Es ist ganz unten.«[7]

Noch eine weitere Stunde sprachen sie über diese Dinge. Das Bettnässen wurde mit keinem einzigen Wort erwähnt. Doch der Junge war bald geheilt!

Erickson hatte nichts anderes getan, als über den »Muskel ganz unten im Bauch zu sprechen, der sich schließt und den Inhalt so lange behält, bis er ihn entleeren will«. Der Junge wusste sehr wohl, welcher andere Muskel ähnliche Funktionen ausübt wie der Schließmuskel des Afters. Man musste es ihm nicht eigens sagen.

Originell war auch Ericksons paradoxe Arbeit mit dem kleinen Robert. Er erzählte dem Jungen, dass er seine Eltern nicht die *ganze* Zeit enttäuschen könne: »Deine Eltern wissen sehr gut, dass du ins Bett machst. Im tiefsten Herzen glauben sie dies, und nichts kann ihre Meinung ändern. Immer wieder werden sie dir das zeigen! Was ich nun von dir verlange, ist nicht besonders angenehm, doch es ist notwendig. Heute ist der dritte Dezember; warum sollte man nicht den dreizehnten Dezember wählen? So wählen wir also den dreizehnten Dezember. Das wäre ein guter Tag! Die Zahl dreizehn gilt ja auch als Unglückszahl. Also: In der Nacht zum dreizehnten Dezember machst du einfach ins Bett; auch wenn es dir sehr schwerfällt, mach ins Bett. Enttäusche deine Eltern nicht. Sie wissen ja sehr gut, dass du so etwas machst; aber du musst es ja nicht jede Nacht tun. Okay, du wählst diese Nacht und machst es!«[8]

Erickson vermittelte dem Kind, dass niemand anders als es selbst die Kontrolle ausübt, auch wenn es das nicht weiß. Wenn Robert tatsächlich den dreizehnten Dezember auswählt, zeigt er sich selbst, wer Herr im Haus ist. Er wird Dr. Erickson erzählen, wie hart es für ihn war, absichtlich das Bett nass zu machen, um seine Eltern nicht zu enttäuschen. Erickson wird ihm antworten: »Ja, es war hart. Aber es war die Sache wert, um deiner Mutter willen! Was den Dreizehnten angeht: Ich denke, wir könnten beim nächsten Mal auch warten bis zum dreizehnten Februar – oder Januar oder März …« Nach Ericksons Erfahrung reicht oft ein zwei- bis dreimaliges absichtliches Bettnässen aus, um erfolgreich zu sein.

Die in diesem Vorlesebuch und auch auf der CD enthaltene Bettnässergeschichte vermittelt dem Kind, dass es kinderleicht ist, selbst die Kontrolle über das Wasserlassen zu übernehmen.
Auch der Kurzzeit- und Familientherapeut Bert Hellinger hat beim Bettnässen die Methoden der Hypnotherapie Ericksons erfolgreich eingesetzt. So kann man Geschichten erzählen, in denen der Wasserhahn zugedreht oder eine Dachrinne repariert wird. Einem Vater empfahl er, er solle seiner Tochter abends solche Märchen erzählen, zum Beispiel eine von Hellinger kreierte Version, in der »Rotkäppchen« das lecke Dach repariert.
Für »Schneewittchen« gibt es ebenfalls eine geeignete Variante: Einer der sieben Zwerge beklagt sich am Frühstückstisch, er sei durch das Dach nass geworden und am Morgen habe er total durchnässt im Bett gelegen. Schneewittchen antwortet, es werde dies sofort in Ordnung bringen. Während die Zwerge sich an die Arbeit machen, klettert Schneewittchen aufs Dach und sieht, dass nur ein einzelner Ziegel etwas verschoben ist, und bringt ihn wieder an die richtige Stelle. Als der Zwerg abends heimkommt, ist er so müde, dass er vergisst, nach dem Zustand des Dachs zu fragen. Selbst am nächsten Morgen vergisst er es, denn es war ja alles in Ordnung.
Auf Hellingers Rat hin erzählte der Vater seiner Tochter die veränderten Märchen. Sie wirkten schon in der ersten Nacht! Das Bett des Mädchens war am Morgen trocken. Doch dabei hat der Vater noch etwas anderes erlebt, was auffällig war. Wenn er der Tochter früher Märchen erzählt hatte, achtete sie stets genau darauf, dass er sie immer gleich erzählte: Er durfte nichts hinzufügen und nichts weglassen. Aber diesmal hatte sie auf die deutlichen Abweichungen der Märchen überhaupt nicht reagiert, sondern es als etwas Selbstverständliches hingenommen.

Daran lässt sich erkennen, dass sich die wissende Seele des Kindes mit dem Erzähler der Geschichte verbündet. Die Seele möchte eine Lösung, ohne dass es allzu deutlich gesagt wird.
Weil der Vater das Problem nicht beim Namen genannt hat, wurde die Scham des Kindes geachtet. Da sich das Kind auf diese Weise geachtet fühlte, konnte es auf die indirekten Lösungsvorschläge reagieren. Das Kind ist nicht dumm: Es weiß sehr genau, dass es ins Bett macht; deswegen braucht man es ihm auch nicht wiederholt zu sagen! Wenn Eltern ihre Kinder auf beherrschende Weise und dazu auch noch häufig auf das Problem aufmerksam machen, fühlen sich die Kinder schwach und unterlegen. Würden sie nun dem Rat der Eltern folgen – endlich damit aufzuhören, ins Bett zu machen –, verlören sie an Selbstgefühl. Dagegen schützt sich das Kind, indem es die guten Ratschläge von Vater und Mutter verwirft. Gerade weil die Eltern einen zu offensichtlichen Rat geben, muss es das Kind anders machen, um seine Würde zu wahren. Spürt das Kind jedoch in einer eher indirekten Empfehlung eine tiefe Liebe, folgt es gern.
In meinem ersten Buch über Kinder[9] habe ich jene von Bert Hellinger veränderten Geschichten vorgestellt. Damals erhielt ich viele positive Rückmeldungen von Eltern, die mir von der schnellen Wirkung berichteten. Nicht selten war das Problem nach einmaligem Vorlesen gelöst. Sollte es jedoch nicht so schnell gehen, liegen meist tiefere psychische Probleme vor, die therapeutisch mit verschiedenen Methoden gelöst werden können.

Auch andere Kurzzeittherapeuten wie der Amerikaner Steve de Shazer[10] haben darauf hingewiesen, wie wichtig es ist, dass das Kind bei dem Vorgehen geachtet wird. Außerdem empfiehlt de Shazer die Suche nach der *Ausnahme*: Stimmt die Problembeschreibung der Eltern tatsächlich so, wie sie abgegeben wird? »Mein Sohn macht *jede* Nacht ins Bett!«, sagt beispielsweise eine Mutter bei der Beratung. Hier kann der Therapeut fragen: »Hat Ihr Sohn in den letzten acht Wochen buchstäblich *jede* Nacht ins Bett gemacht?« Falls sich zeigt, dass es Ausnahmen gibt – und es gibt fast immer welche –, kann er fragen: »Bei welchen Gelegenheiten macht Ihr Sohn *nicht* ins Bett? Was war am Abend vorher? Was haben Sie in der Familie zusammen gemacht oder was hat der Junge am Abend zuvor unternommen?« Stellt sich zum Beispiel heraus, dass er in solchen Fällen stets dieselbe Tätigkeit ausgeübt hatte, dann kann sie »verordnet« werden, sofern keine anderen Gründe dagegensprechen.

De Shazer vermittelt überreagierenden Eltern bettnässender Kinder, dass ihre Wahrnehmung oft ungenau ist und das Problem weiter zementiert: Es gibt fast bei jedem Kind ab und zu »trockene Tage«. Trotzdem bleiben die Eltern bei ihrer eingeengten Wirklichkeitswahrnehmung: »Mein Kind macht *jede* Nacht ins Bett.« Die bewusste Wahrnehmung der Ausnahme gegenüber der Regel kann jedoch einen Umschwung bewirken. Die Ausnahmen von der Regel werden von den Eltern nicht wahrgenommen, weil sie sie gering erachten. Für sie handelt es sich um Unterschiede, die sich zu »unspektakulär« und zu langsam vollziehen. Doch der Therapeut fragt genau nach diesen vernachlässigten Besonderheiten: Welches sind die Begleitumstände und die Muster des »trockenen Betts« und die Begleitumstände und Muster des »nassen Betts«? Aus diesen Informationen kann der Therapeut einen individuellen Behandlungsplan erstellen.

De Shazer gibt geplagten Eltern von Bettnässern den Rat, es versuchsweise auch einmal völlig zu ignorieren, wenn das Bett des Kindes trocken ist. Ein trockenes Bett für einen zwölfjährigen Jungen ist wirklich eine ganz normale Angelegenheit. Warum sollte man da ein Lob aussprechen? Tut man dies, könnte man sogar das Gegenteil des Gewünschten erreichen: Dem Kind würde dann nämlich vermittelt, es sei etwas Besonderes, dass es letzte Nacht nicht ins Bett gemacht habe.

Als weiteres Beispiel, wie man den starren Denkrahmen der Beteiligten aufweicht, könnte man sowohl die Eltern als auch das Kind bitten, jeden Abend für sich *im Stillen* eine Prognose zu machen, ob das Bett trocken bleibt oder nicht. Auf diese Weise könnte die Ansicht, dass das Kind »immer« ins Bett macht, ebenfalls in Frage gestellt werden. Von der Änderung des Denkens zur Änderung des Verhaltens ist es dann nicht mehr weit.

Bei den Ratschlägen, die Eltern ihren Kindern geben, gibt es noch etwas anderes, Wichtiges zu beachten: Wenn eine Mutter zu ihrem Sohn sagt: »Mach nicht ins Bett«, erreicht sie noch aus einem anderen als den bisher gesagten Gründe oft das Gegenteil: Moderne kurzzeittherapeutische Verfahren wie zum Beispiel NLP und die Hypnotherapie weisen mit Recht immer wieder darauf hin, dass das Unbewusste keine Verneinung kennt. Völlig verfehlt war deswegen zum Beispiel auch jene damalige Plakatkampagne der Bundesregierung für Jugendliche mit dem Slogan »Keine Macht den Drogen!«. In den Köpfen der Jugendlichen kommt nur an: »Macht den Drogen!« Wer das nicht glaubt, möge zwischendurch einmal folgenden Selbstversuch machen: Denken Sie bitte eine Minute lang *nicht* an einen Frosch, der eine große Sonnenbrille trägt! Fragen Sie sich dann nach dieser Minute: Was haben Sie innerlich gesehen und an was haben Sie in der letzten Minute gedacht ...?
Wenn Sie mit Ihrem Kind sprechen, sollten Sie vorher einen Moment innehalten und prüfen, ob Sie solche Verneinungen nicht umformulieren können: Statt »Iss unterwegs nicht so viele Süßigkeiten, du kriegst Blähungen!« könnte man auch sagen: »Iss von den Äpfeln und Bananen, die ich dir eingepackt habe, die tun dir gut.« Statt »Hack dir mit dem Beil nicht in den Fuß!« kann man dem Jugendlichen sagen: »Geh vorsichtig mit der Hacke um!« In diesem Zusammenhang kann man älteren Kindern zur Vertiefung auch eine Geschichte erzählen, die sich auf ähnliche Weise tatsächlich ereignet hat: Ein junger Mann verletzte sich schwer am Fuß mit einer scharfen Hacke. Als der Vater ihn fragte, wie es passiert sei, antwortete er: »Ich hatte keine Achtung mehr vor der Gefährlichkeit der Hacke – ich habe sie nicht mehr richtig ernst genommen.«

Das hier vorgestellte Geschichtenerzählen beim Bettnässen hat Bert Hellinger auch auf das Einkoten angewendet.[11] Wenn bettnässende oder einkotende Kinder selbstmordgefährdet oder stark verhaltensauffällig sind, bleiben die kurzzeittherapeutischen Methoden leider meist erfolglos. Für diese schweren Fälle sind Familienaufstellungen[12] eine oft erfolgreiche Alternative. Wie schon erwähnt, reagiert das bettnässende Kind aus familiensystemischer Sicht häufig auf eine große Spannung in der Familie. In vielen Fällen ist zu beobachten, dass das Kind einen starken Konflikt zwischen den Eltern fühlt, mit dem es nicht anders umzugehen weiß. In dem nun folgenden Fall sind es eine Reihe von Selbstmorden in der Familie des Vaters, die in der Gegenwartsfamilie das Klima für die Kinder tief geprägt und die Eltern auseinandergebracht haben.

Florian, zehn Jahre, Bettnässer

Waltraud kam in eine Aufstellungsgruppe, weil sie merkte, wie die Selbstmorde in der Familie ihres Mannes eine tiefe Depression über alle gebracht hatten. Sie spürte, dass ihre Ehe gefährdet ist. Mit keinem einzigen Wort erwähnte sie, dass ihr zehnjähriger Sohn Florian Bettnässer ist. Angesichts all des anderen Schweren spielte das Bettnässen des Kindes für die Mutter nur eine untergeordnete Rolle. Florian ist das mittlere ihrer Kinder. Unter einer Reihe von psychosomatischen Symptomen leidet aber auch das älteste Kind, eine Tochter. Das dritte Kind ist ein Sohn.

Es kam zu einer sehr langen und intensiven Aufstellung, über die hier nur auszugsweise berichtet wird. Schnell wurde sichtbar, dass es sowohl Florian als auch die Tochter anstelle des Vaters aus der Gegenwartsfamilie heraustreibt. Der Vater, Waltrauds Mann, verlor seinen Vater im Alter von drei Jahren, weil dieser Selbstmord beging. Der Bruder des Vaters, der Onkel von Waltrauds Mann, brachte sich ebenfalls um, ebenso wie auch deren Mutter (Großmutter von Waltrauds Mann) Suizid begangen hatte. Diese Frau übte, als sie aufgestellt wurde, eine furchtbare Wirkung auf alle Beteiligten aus. Auf Nachfrage ergab sich, dass sie bei ihrem Selbstmord versucht hatte, ihre beiden Söhne ebenfalls umzubringen. Doch die Kinder konnten gerade noch gerettet werden. Wie gesagt, haben die Söhne später freiwillig denselben Weg aus dem Leben gewählt wie ihre Mutter.

Nach vielen einzelnen Schritten in der Aufstellung war ein entscheidender Punkt, dass jene Frau, die ihre Söhne mit in den Tod reißen wollte, von der Familie räumlichen Abstand nahm. Erst dann trat unter allen Stellvertretern eine Entspannung ein. Waltrauds Mann allerdings konnte den frühen Tod seines freiwillig aus dem Leben geschiedenen Vaters nicht verkraften. Er blieb bei ihm stehen, während Waltraud sich schützend vor ihre Kinder stellte. Der Sog des Mannes zu seiner Herkunftsfamilie beherrschte das Bild.

Der Mann war nicht bereit gewesen, Waltraud zum Seminar zu begleiten. Um hier zu einer Lösung für die ganze Familie zu kommen, wäre es natürlich von Vorteil, dass jener Ehepartner zugegen ist, dessen Schwerwiegendes die Gegenwartsfamilie belastet. Der Respekt vor dem Ehepartner gebietet aber, nicht für diesen therapeutisch zu arbeiten. Alles Übrige wäre schlimm, denn als Partner darf man nicht zum Therapeuten des anderen werden.

Waltraud kann hier nicht mehr tun, als ihrem Mann von dem zu berichten, was sie gesehen hat. Wenn er will, kann er sich dem Geschehen stellen und tiefer in seine Herkunftsfamilie gehen. Ansonsten bleibt der Frau hier nur, in Liebe und Achtung auf die familiäre Verwicklung des Partners zu schauen. Wer heiratet, heiratet nicht nur den geliebten Menschen, sondern immer auch dessen ganze Familie!

Neun Monate später sah ich Waltraud wieder. Erst jetzt berichtete sie mir, dass Florian ein Bettnässer gewesen war: »Als ich am Sonntagabend vom Aufstellungsseminar nach Hause kam, muss in Florian eine Veränderung stattgefunden haben. Genau seit diesem Tag hörte sein Bettnässen schlagartig auf – er hat seitdem kein einziges Mal wieder eingenässt!« Waltraud berichtete, dass sich auch die Ehe mit ihrem Mann seit der Aufstellung gebessert hat. Nachdem durch die Aufstellung klar geworden war, dass die Kinder innerlich an ihre Seite müssen, löste sich die psychische Spannung für ihre drei Kinder.

Wie schreibe ich selbst die »passende« Geschichte für mein Kind?

Natürlich fehlt in diesem Buch die Geschichte, die genau zu Ihrem Kind passen würde ... Ihre Tochter wird gehänselt, weil sie eine Warze hat? Wie wäre es, wenn Sie ein Gespür dafür bekämen, selbst eine maßgeschneiderte Geschichte für Ihr Kind zu erfinden? Gab es da nicht einmal einen Kleinen Bären, der eine seltsame Warze auf der Nase hatte? Haben ihn nicht die anderen Bärenkinder deswegen ganz komisch angeguckt? Und war es nicht so, dass genau dieser Bär durch seinen besonderen Mut die Adlerfeder beim Abenteuertraining gewann? Freute er sich nicht riesig, wie sie ihn dann wegen seiner Fähigkeiten alle bewundert haben? Natürlich habe ich vergessen, wie diese Geschichte weiterging, vielleicht war sie auch völlig anders ... aber *Sie* wissen es, denn niemand kennt Ihr Kind besser als Sie, und niemand kann ihm einfachere Lösungswege zeigen!
Sie trauen sich nicht, Geschichten zu erfinden? Sie waren schon damals schlecht im Deutschunterricht? Diesmal aber ist die Situation ganz anders! Ihr Kind braucht Hilfe! Die Ideen von Mama oder Papa könnten Gold wert sein, denn es geht um Inhaltliches und nicht um Grammatik, Rechtschreibung und Formvollendung.
Ihr Kind ist kein Richter in einem Literaturwettbewerb und auch kein Deutschlehrer! Für Ihr Kind zählt nur eines: Herz! Ihre Geschichte sollte Herz haben! Denn es ist die Kraft des Herzens, die unsere Probleme heilt.

Als Vater und/oder Mutter sind *Sie* die glaubwürdigsten Menschen für Ihr Kind! Niemandem vertraut Ihr Kind so tief wie Ihnen! Auch keinem Therapeuten! Diesen Trumpf sollten Sie unbedingt nutzen – im Sinne Ihres Kindes, um ihm zu helfen. Wie Sie sehen: Ausreden sind zwecklos!
Was spricht dagegen, dass Sie Ihren »inneren Schweinehund« überwinden und für Ihr Kind Geschichten schreiben? Sie ahnen es schon: nichts! Es gibt ausschließlich Argumente *dafür*, kein einziges dagegen. Und selbst wenn Ihre Geschichten nicht die Wirkung haben, die Sie sich davon erhofften, eine Wirkung wird auf alle Fälle erzielt – jenseits des medialen Einheitsbreis von Fernsehen, Radio, Gameboys und Computerspielen haben Sie Ihrem Kind durch »die Blume«, also indirekt, gezeigt: Ich schenke dir etwas ganz Persönliches, etwas, was nur für dich als mein Kind gedacht ist! Ob Sie es glauben oder nicht: *Das* weiß Ihr Kind zu schätzen! Es spürt, dass es Eltern hat, die es ernst nehmen, die sogar über ihren Schatten springen und ihm eine persönliche Geschichte schreiben! Das Kind erfährt somit durch Ihr Verhalten, dass Ihnen sein Wohlergehen wichtig ist und Sie mithelfen möchten bei der Lösung seiner Probleme! Die Früchte von alldem werden als wunderbare Samen im Eltern-Kind-Verhältnis aufgehen. Allein durch Ihr Bemühen, dem Kind zu helfen, wird in seiner Seele ein Impuls zur Selbstheilung freigesetzt. Daran gibt es nicht den leisesten Zweifel. Ist das nicht alle Mühe wert?
Und wie gehen Sie nun vor? Wie erfinden Sie eine Geschichte? Ganz einfach! Am besten, Sie wählen sich eine Tageszeit, zu der Sie sich erfahrungsgemäß gut entspannen können und bei der Sie nicht gestört werden. Tun Sie zunächst alles, um sich zu entspannen. Wenn Sie gern Musik hören, machen Sie bitte Musik an, und zwar genau in der Lautstärke, die Sie brauchen. Wenn Sie es lieber still und beschaulich haben, dann zünden Sie eine Kerze an oder nutzen Sie ein Räucherstäbchen. Wenn Joggen Sie am besten entspannt, dann laufen Sie erst einmal!

Und was dann? Sie machen es sich bequem, zum Beispiel in einem Sessel, auf dem Sofa oder wo auch immer Sie sich wohl fühlen. Dann denken Sie bitte an das Problem Ihres Kindes, bei dem Sie ihm jetzt helfen wollen.

Falls Sie möchten, dass es eine Bärengeschichte wird, weil Ihr Kind Fan vom Kleinen Bären geworden ist, dann stellen Sie sich ihn jetzt genau vor. Sie sehen den Kleinen Bären wirklich! Und wenn Sie ihn endlich innerlich sehen, dann sagen Sie ihm in wenigen Sätzen, was das Problem Ihres Kindes ist. Fragen Sie ihn, ob er Ihnen etwas Spannendes und Interessantes aus dem Zoo-Alltag zeigen kann, was indirekt mit dem Problem Ihres Kindes zu tun hat.

Was ich Ihnen als Nächstes rate, das treibt mir ein wenig die Schamröte ins Gesicht, weil ich fürchte, dass Sie mich auslachen oder mich für verrückt halten. Ich rate Ihnen, die rechte Hand kurz auf Ihr Herz zu legen und an Ihr Kind zu denken. So verbindet sich Ihr eigenes Unbewusstes mit dem Ihres Kindes. Alles, was Ihnen nun als Geschichte auch einfallen mag, das ist aus Ihrem Herzen geschöpft. Es kann nur nutzen und niemandem schaden, denn Ihre Absicht ist selbstlos. Sie wollen Ihr Kind unterstützen.

Handschriftlich notieren Sie nun alles, was Ihnen spontan einfällt. Aber vielleicht ist es ja auch gar keine Bärengeschichte! Möglicherweise ist es sogar eine wahre Begebenheit, die Ihr Großvater oder Ihre Mutter Ihnen mal erzählt hat, als Sie selbst noch Kind waren? Oder es kommt Ihnen spontan eine völlig erfundene Geschichte von Menschen, Tieren oder von was auch immer in den Sinn, die indirekt (!) einen Bezug zum Problem Ihres Kindes hat.

Diese Geschichte lesen Sie nun bei nächster Gelegenheit Ihrem Partner vor. Wenn Sie alleinerziehend sind, können Sie auch einen guten Freund oder eine Freundin bitten, Sie zu unterstützen. Vielleicht hat er oder sie etwas Ergänzendes dazu zu sagen, was für das Kind ebenfalls hilfreich sein könnte.

Im nächsten Schritt können Sie, wenn Sie das wollen, die Geschichte auf dem PC schreiben und sprachlich noch etwas daran arbeiten. Es ist sinnvoll, nur die zweite Niederschrift auf dem Computer zu machen und nicht schon die erste. Für die meisten Menschen ist der Rechner unbewusst nicht mit Kreativität und Freude verbunden. Es fließt viel besser und authentischer aus der Hand, wenn Sie die Story mit dem Stift aufs Papier und sie erst später in Druckform bringen – wenn überhaupt!

So oder so ist es aber wichtig, die Geschichte am Ende sprachlich kurz zu überprüfen: Habe ich klar und deutlich geschrieben? Kann mein Kind alle Ausdrücke gut verstehen? Sind die Sätze möglichst kurz? Habe ich »plastisch« geschrieben? Das bedeutet, dass alles möglichst bildhaft und anschaulich dargestellt werden sollte: Kann man das Erzählte innerlich gut vor sich sehen? Vielleicht gibt es etwas zu riechen, zu spüren, zu schmecken, besondere Geräusche zu hören? Werden viele Körpersinne angesprochen?

Ist die Geschichte auch kurz? Sie vorzutragen sollte nicht länger als fünf bis zwölf Minuten dauern – zumindest für den Anfang. Und natürlich gilt es, das Alter des Kindes zu berücksichtigen. Sie sollten sich nicht überfordern – und Ihr Kind auch nicht! Die wichtigste Regel lautet nämlich: Alle sollen Spaß haben. Je mehr dabei gelacht wird, umso besser! Und beim Erzählen ist es wichtig, nicht zu schnell zu sprechen, damit Ihr Kind immer gut mitkommt: sowohl mit Ihren Worten als auch mit den von Ihnen vermittelten Inhalten.

Wenn Ihr Kind begeistert von Ihren Geschichten ist, dann können Sie auch eine Tonaufnahme davon machen! So kann Ihr Kind die Geschichte wiederholt hören – ähnlich wie die diesem Buch beiliegende CD! Und meist wirken die Geschichten besonders gut, wenn das Kind sie auch ein zweites oder drittes Mal hört.

Allerdings gilt das nicht für jede Geschichte. Wenn ein Kind seine Lektion gelernt hat, dann sollte man es in Ruhe lassen! Nicht selten hört ein Kind beispielsweise nach dem einmaligen Vortragen der Bettnässergeschichte auf einzunässen. Wenn das Ziel erreicht ist, sollte man keine »Zukunftsabsicherungen« betreiben, sondern sich neuen Problemen zuwenden. Falls das Kind aber für einige Wochen in der Lösung ist und dann wieder »rückfällig« wird, dann sollten Sie ihm die Geschichte wieder einmal vorspielen oder vorlesen.

Literatur

Haley, Jay: *Die Psychotherapie Milton H. Ericksons*, München 1978

Haley, Jay (Hg.): *Conversations with Milton H. Erickson, M. D.*, Bd. 3: *Changing Children and Families*, o.O. 1985

Holtz, Karl-Ulrich, und Siegfried Mrochen: *Neugierig aufs Großwerden – Praxis der Hypnotherapie mit Kindern und Jugendlichen*, Heidelberg 2002

Lankton, Carol H., und Stephen R. Lankton: *Geschichten mit Zauberkraft – Die Arbeit mit Metaphern in der Psychotherapie*, München 1994

Levine, Peter A., und Maggie Kline: *Verwundete Kinderseelen heilen – Wie Kinder und Jugendliche traumatische Erlebnisse überwinden können*, München 2005

Mills, Joyce C., und Richard J. Crowley: *Therapeutische Metaphern für Kinder und das Kind in uns*, Heidelberg 1998

Mrochen, Siegfried, Karl-Ludwig Holtz und Bernhard Trenkle: *Die Pupille des Bettnässers – Hypnotherapeutische Arbeit mit Kindern und Jugendlichen*, Heidelberg 2000

Perry, Bruce D., und Maia Szalavitz: *Der Junge, der wie ein Hund gehalten wurde – Was traumatisierte Kinder uns über Leid, Liebe und Heilung lehren können*, München 2006

Prekop, Jirina: *Der kleine Tyrann*, München 1991

Rogge, Jan-Uwe: *Kinder brauchen Grenzen*, Reinbek 2004

Schäfer, Thomas (alle Bücher des Autors sind im Droemer Knaur Verlag erschienen): *Was den Körper krank macht – Wege zur Gesundheit durch Systemische Aufstellungen*, 2006

–, *Wie aus Beruf Berufung wird – Erfolg und Glück aus Sicht des Familien-Stellens*, 2009

–, *Wie aus Leiden wieder Liebe wird – Mann und Frau aus Sicht des Familien-Stellens*, 2007

–, *Wie der Tod dem Leben dient – Abschied und Sterben im Familien-Stellen*, 2008

–, *Wenn Liebe allein den Kindern nicht hilft – Heilende Wege in Bert Hellingers Psychotherapie*, 2002

–, *Wenn Dornröschen nicht mehr aufwacht – Die Botschaft der Märchen in Familienaufstellungen*, 2008

–, *Was die Seele krank macht und was sie heilt – Die psychotherapeutische Arbeit Bert Hellingers*, 2006

Shazer, Steve de: *Wege der erfolgreichen Kurzzeittherapie*, München 1995
Winterhoff, Michael: *Warum unsere Kinder Tyrannen werden. Oder: Die Abschaffung der Kindheit*, München 2008
–, *Tyrannen müssen nicht sein. Warum Erziehung allein nicht ausreicht – Auswege*, München 2009

Anmerkungen

1 Vgl. Thomas Schäfer: *Wenn Liebe allein den Kindern nicht hilft – Heilende Wege in Bert Hellingers Psychotherapie*, München 2002.

2 Vgl. Thomas Schäfer: *Was den Körper krank macht – Wege zur Gesundheit durch Systemische Aufstellungen*, München 2006, S. 147 ff.

3 Joyce C. Mills und Richard J. Crowley: *Therapeutische Metaphern für Kinder und das Kind in uns*, Heidelberg 1998.

4 Siehe das Beispiel in Thomas Schäfer: *Was die Seele krank macht und was sie heilt – Die psychotherapeutische Arbeit Bert Hellingers*, München 2000, S. 239 ff.

5 Vgl. Schäfer: *Wenn Liebe allein den Kindern nicht hilft*, a.a.O., S. 94 ff.

6 Mills/Crowley, a.a.O., S. 157.

7 Jay Haley: *Die Psychotherapie Milton H. Ericksons*, München 1978, S. 203.

8 »Robert« ist ein von mir gewähltes Pseudonym. Vgl. Jay Haley (Hg.): *Conversations with Milton H. Erickson, M. D.*, Bd. 3: *Changing Children and Families*, o.O. 1985, S. 131 ff.

9 Vgl. Schäfer: *Wenn Liebe allein den Kindern nicht hilft*, a.a.O., S. 75 ff.

10 Das Folgende nimmt Bezug auf Steve de Shazer: *Wege der erfolgreichen Kurzzeittherapie*, München 1995, passim.

11 Vgl. Schäfer: *Wenn Liebe allein den Kindern nicht hilft*, a.a.O., S. 84.

12 Lesern, die noch keine Berührung mit dem Familien-Stellen und der Psychotherapie Bert Hellingers hatten, sei meine Einführung in diese Arbeit empfohlen. Vgl. Schäfer: *Was die Seele krank macht und was sie heilt*, a.a.O.

Themenregister der Geschichten

Alphabetisch geordnet finden Sie hier die Probleme der Kinder, und kursiv dahinter stehen die dazu passenden Geschichten.

Adoption (adoptierte Kinder): *»Schnell wie eine Schnecke«*

Aggressionen: *Tobi und die Piranhas* und *Der beste Freund*

Alpträume: *Mit dem Kopf durch die Wand* und *Der Hai, der Eintrittsgeld zahlen musste*

Angeben (Hochnäsigkeit): *Ärger bei den Gibbons: »Alle sind gegen mich«*

Angst vor aggressiven Spielkameraden: *Tobi und die Piranhas*

Angst vor Neuem: *Wie der Kleine Bär schwimmen lernte, statt Boot zu fahren*

Angst (vor Umzug): siehe unter »Umzug«

Ärger über andere: *Ärger bei den Gibbons: »Alle sind gegen mich«*

Aufhetzen gegen andere: *Die wilden Hyänen*

Aufmerksamkeit erregen (zum Beispiel durch Krankheit): *Mimi, die arme Mongolische Wüstenrennmaus*

Aufregung: *Die pieksenden Rosen*

Ausgelacht werden: *Ärger bei den Gibbons: »Alle sind gegen mich«*

Beschuldigen (zu Unrecht): *Die wilden Hyänen*

Bettnässen: *Beim Kleinen Bären tropft's rein*

Bewegungsmuffel: *Monster-Schleimschnecken und Babyquatsch!*

Einschüchterung: *Tobi und die Piranhas*

Esskontrolle: *Kekse, Honig und ein Fahrrad*

Ethik (im Verhalten): *Der beste Freund* und *Leo erzählt von Afrika*

Extraversion/Introversion: *Lisa ist verliebt*

Fahrrad fahren lernen: *Maltes Fahrrad und der Kleine Bär, Teil 1*

Flugangst: *Der Hai, der Eintrittsgeld zahlen musste*

Fremdbestimmung: *Der beste Freund*

Freunde/Freundschaft: *Der beste Freund*

Geduld lernen: *Maltes Fahrrad und der Kleine Bär, Teil 1*, sowie *Die pieksenden Rosen*

Gefühle zeigen: *Lisa ist verliebt*

Gehänselt werden: *Maltes Fahrrad und der Kleine Bär, Teil 1*

Geschwister: *Bonny, das Zebra, leidet* und viele andere Bärengeschichten
Gewalt: *Tobi und die Piranhas, Der beste Freund* und *Die wilden Hyänen*
Gott: *Tobi und die Piranhas* und *Leo erzählt von Afrika*

Heimkinder: *»Schnell wie eine Schnecke«*
Hilfe erbitten können, wenn es zu schwer wird: *Mit dem Kopf durch die Wand*
Hilflosigkeit: *Tobi und die Piranhas*
Hochmut (hochmütiges Verhalten): *Ärger bei den Gibbons: »Alle sind gegen mich«*

Introversion/Extraversion: *Lisa ist verliebt*
Introvertiertheit: *Tobi und die Piranhas* und *Mimi, die arme Mongolische Wüstenrennmaus*

Kleidung (sich dem Wetter angepasst anziehen): *»Ich bin Griechin, in Griechenland ist alles besser!«*
Kommunikation zwischen Erwachsenen und Kindern: *Wie die Giraffe Hugo auf den Umzug wartete*

Lügen: *Flamingo Liliane und der violette Wollfaden*

Materielle Einstellung: *Anja und die Amsel*
Missverstehen: *Hugo, die Giraffe*
Mitleid erregen wollen: *Bonny, das Zebra, leidet*, und *Mimi, die arme Mongolische Wüstenrennmaus*

Nervosität: *Die pieksenden Rosen*
Notlügen: *Wie die Giraffe Hugo auf den Umzug wartete*

Obst und Gemüse essen: *Monster-Schleimschnecken und Babyquatsch!*
Operation, bevorstehende: *Die pieksenden Rosen*
Opportunismus: *Der beste Freund*

Pädagogik: *»Mama, du bist sooo lustig!«*
Patchworkfamilien: *Kann Eisbär Benny auch zwei Papas lieb haben?*
Pflegekinder: *»Schnell wie eine Schnecke«*
Phantasieren (statt die Realität wahrnehmen): *Wie Hugo, die Giraffe, auf den Umzug wartete*

Realitätsflucht: *Wie die Giraffe Hugo auf den Umzug wartete*
Religiöse Orientierung: *Tobi und die Piranhas, Anja und die Amsel* und *Leo erzählt von Afrika*
Rivalität: *Ärger bei den Gibbons: »Alle sind gegen mich«* und *Bonny, das Zebra, leidet*

Scheidung: *»Ich bin Griechin, in Griechenland ist alles besser!«*
Schüchternheit: *Tobi und die Piranhas*
Schule, sich beim Lernen entspannen können: *Mit dem Kopf durch die Wand*
Schutzengel: *Anja und die Amsel*
Seele: *Tobi und die Piranhas*
Selbstbeherrschung: *Ärger bei den Gibbons: »Alle sind gegen mich«* und *Der beste Freund*
Selbstmitleid: *Bonny, das Zebra, leidet*
Selbstwertgefühl: *Tobi und die Piranhas*
Soziale Einstellung: *Der beste Freund*
Sport machen: *Monster-Schleimschnecken und Babyquatsch!*
Stiefeltern: *Kann Eisbär Benny auch zwei Papas lieb haben?*
Stiefgeschwister: *Kann Eisbär Benny auch zwei Papas lieb haben?*
Straßenverkehr: *Anja und die Amsel*
Sündenbock: *Die wilden Hyänen*
Süßigkeiten (Übermaß): *Monster-Schleimschnecken und Babyquatsch!*

Toleranz (Nationalitäten, Kulturen): *»Ich bin Griechin, in Griechenland ist alles besser!«*
Traumatisierung, starke: *»Schnell wie eine Schnecke«*
Träume erinnern: *Mit dem Kopf durch die Wand*

Umzug (Angst vor Ortswechsel): *Kann Eisbär Benny auch zwei Papas lieb haben?* und *»Ich bin Griechin, in Griechenland ist alles besser!«*
Unfallgefährdung: *Kekse, Honig und ein Fahrrad*
Ungeduld: *Kekse, Honig und ein Fahrrad*

Verkehr: siehe »Straßenverkehr«
Verliebt sein: *Lisa ist verliebt*
Verprügelt werden: *Tobi und die Piranhas* und *Der beste Freund*
Verspätung: *»Schnell wie eine Schnecke«*
Versprechungen, leichtfertige: *Wie die Giraffe Hugo auf den Umzug wartete*
Vorbilder, falsche: *Der beste Freund* und *Ärger bei den Gibbons: »Alle sind gegen mich«*
Vorlaute Kinder: *Der Hai, der Eintrittsgeld zahlen musste*

Wahrnehmung (der Wirklichkeit): *Wie die Giraffe Hugo auf den Umzug wartete*
Wertevermittlung: *Anja und die Amsel*
Wünsche, unrealistische: *Wie die Giraffe Hugo auf den Umzug wartete*

Zahnarztbesuch, bevorstehender: *Die pieksenden Rosen*

Kontakt

Informationen über Seminare, weitere Bücher des Autors und seine Arbeit:

Thomas Schäfer
Burgweg 27
78333 Stockach-Wahlwies
Tel.: 07771 919405
www.FamilienaufstellungenThoSchaefer.de
tho.schaefer@t-online.de